경상국립대학교 해외지역연구센터
2021 총서

유라시아의
언어와 사회,
그리고 역사

....

경상국립대학교 해외지역연구센터 2021 총서

유라시아의 언어와 사회, 그리고 역사

© 이정민·정경택·김정필·정영주·김보라·박가영, 2022

1판 1쇄 인쇄__2022년 02월 20일
1판 1쇄 발행__2022년 02월 28일

지은이__이정민·정경택·김정필·정영주·김보라·박가영
펴낸이__홍정표
펴낸곳__글로벌콘텐츠
　　　　등록__제25100-2008-000024호

공급처__(주)글로벌콘텐츠출판그룹
　　　　대표_홍정표　이사_김미미　편집_하선연 이정선 문방희 권군오　기획·마케팅_김수경 이종훈 홍민지
　　　　주소__서울특별시 강동구 풍성로 87-6
　　　　전화__02) 488-3280　팩스__02) 488-3281
　　　　홈페이지__http://www.gcbook.co.kr
　　　　이메일__edit@gcbook.co.kr

값 22,000원
ISBN 979-11-5852-368-8　93060

경상국립대학교 해외지역연구센터
2021 총서

유라시아의 언어와 사회, 그리고 역사

· · · · · · · · · · · ·

이정민, 정경택, 김정필, 정영주, 김보라, 박가영 지음

머리말⊕

유라시아는 서양과 동양, 여러 종교, 다양한 민족, 언어가 공존하는 지역으로 특히 1991년 소련의 해체로 본격적으로 우리의 눈과 귀에 익숙해졌다.

현재 러시아와 우크라이나 간의 전쟁은 포스트소비에트 공간이라는 지역을 넘어 세계 전역에 부정적인 영향을 끼치고 있음을 우리도 분명하게 느끼고 있어 특정 지역 연구는 곧 세계의 연구가 될 수 있다.

국내와 해외를 아우르는 글로컬 연구를 지향하는 경상국립대학교 국제지역연구원 해외지역연구센터는 국내 연구자들의 학술발표회, 저자 특강을 수시로 열고, 국내외 연구자들이 참여하는 국제학술대회를 해마다 10월에 개최하고 이의 발표를 바탕으로 총서를 발행하고 있다. 비록 2019년 말부터 팬데믹으로 국제학술대회는 취소하였지만, 해외지역 연구를 손 놓을 수 없었기에 작년에 이어 올해도 총서를 발간하기로 하였다.

이번 총서도 유라시아 지역의 역사, 문화, 언어, 그리고 이의 융복합 연구를 담아내었다.

먼저 경상국립대학교 사학과의 이정민 교수는 카롤루스 마르텔루스(Carolus Magnus) 신화에 빛을 잃은 721년 툴루즈 전투(la bataille de Toulouse)와 아키텐(Aquitaine) 공 외드(Eudes) 1세의 좌절된 아키텐 독립의 꿈을 소개하고 있다. 732년 투르-푸아티에 전투(la bataille de Tours-Poitiers)에 앞서 프랑크 왕국으로 팽창을 시도하던 이슬람의 공격을 최초로 막아낸 721년 툴루즈 전투를 승리로 이끈 아키텐 공 외드 1세는 용맹스러운 전사이자 이슬람과의 정치적 연합을 선택한 전략가였다. 아키텐 공 외드 1세와 네우스트리아 왕 칠페리쿠스(Chilpericus) 2세의 정치·군사 연합은 카롤루스 마르텔루스(Carolus Magnus)의 응징을 불러왔다. 동시에 자신의 딸과 이슬람 수장 오트만(Othman)의 결혼은 이슬람 세력의 반격과 복수를 초래했다. 결국 아키텐 공 외드 1세의 좌절된 아키텐 독립의 꿈은 카롤루스 마르텔루스 신화로 잊혀져 갔던 것이다.

경상국립대학교 러시아학과의 정경택 교수는 유라시아, 특히 포스트소비에트 공간의 언어와 민족상황을 연구해오고 있다. 유라시아의 민족언어분규에서는 1991년 12월 소련의 해체로 나타난, 러시아연방 외 14개국 모두 토착주도민족 중심의 국가건설과 이들 언어의 국어 규정, 그리고 러시아인을 비롯한 러시아어 사용자들인 소수민족에 대한 차별, 러시아어와 소수 민족어의 지위 상실과 사용영역 축소, 더 나아가 단일 언어사용 사회 형성 등과 관련되어 민족-언어분규가 발생했고 현재도 진행 중이라는 것을 것을 지적하고 있다. 즉 1991~1994년 캅카스에서의 아르메니아와 아제르바이잔 간에 나고르노-카라바흐 영토를 둘러싼 1차 카라바흐 전쟁과 2020년 9-10월 2차 카라바흐 전쟁, 그리고 2014년 러시아의 크림 합병과 현재까지 계속되는 우크라이나 사태, 2022년 1월의 카자흐스탄의 시위사태와 러시아군 투입 등은 소련 당시 여러 민족-언어정책의 부정적인 결과임은 분명하다.

경상국립대학교 중어중문학과의 김정필 교수는 논문에서 한국어 한자어와 중국어 어휘가 이전의 동형동의어가 점차 동형이의어로 바뀌어가고 있으며, 반대로 이형동의어나 동소역순어가 상호 대역어가 되고 있다는 점에 착안하여 한중 인지사유가 그 원인임을 고찰해 보려고 했다. 특히 두 개의 동일한 형태소를 역순으로 바꾼 두 한자어인 '동소역순어'는 고대중국어에서는 동시에 사용되기도 하였으나, 최근에는 하나가 소실되고 하나만 남는 단일화 현상이 일어나고 있다. 그런데 이러한 단일화 과정에서 한국어와 중국어 사이에서 상호 역순구조의 한자어가 대역어로 사용되고 있다는 점에 착안하여, 한국어와 중국어의 기본 어순을 대비시켜 살펴보았다. 본 연구를 통해 미래의 한국어 한자어와 중국어 어휘는 동일한 한자를 사용하면서도 어순구조는 정반대로 구성되는 것이 일정한 경향성을 지니게 될 것을 예측해 본다.

경상국립대학교 국제지역연구원 정영주 학술연구교수는 현대 러시아어의 영어 차용어를 분석하고 있다. 세계 유일 초강대국인 미국의 과학

기술과 문화가 국제 교류의 증가로 인해 세계 언어에 영향을 미치고 있는데, 역시 러시아어 어휘부에도 영어 차용어가 갈수록 증가하고 있다. 그런데 영어 차용어가 2어절 이상의 러시아어 어휘소로 차용되고 각 어휘소가 고유어 또는 고유 외래어인 경우, 이 어휘소들은 대체로 차용어 목록에서 배제되고 있다. 한편, 차용의 결과로 형성된 다어절 어휘소가 [형용사-명사] 또는 [명사-명사]의 통사적 구조를 취할 경우, 명사구 또는 연어 등으로 받아들여진다. 차용 모어인 영어에서 위의 구조를 띤 어휘소들이 합성어로 분류되는 것과 대조적인데, 이에 러시아어의 다어절 어휘소의 성격 또한 재고의 여지가 있음을 논증하고 있다.

경상국립대학교 러시아학과의 김보라 교수의 연구는 2021년 1학기 경상국립대 개척학기 연구과제의 결과물이다. 연구과제 담당교수와 학부생 1인이 함께 러시아 블라디보스톡 관광과 관련된 소셜미디어 게시글에서 관광지, 쇼핑, 숙박, 맛집 등의 키워드를 기반으로 데이터를 추출하고 사용빈도와 감성분석을 통해 관광트렌드를 분석하고 있다. 빅데이터 분석을 바탕으로 러시아 블라디보스톡 여행의 인식변화를 규명하여 블라디보스톡 관광의 효율적인 운영과 다양한 방안들을 제시하는 것이 목적이다. 2017년과 2018년, 2019년을 기준으로 네이버와 다음, 구글에서의 키워드별 검색량 추이와 빅데이터를 활용한 단어빈도 분석과 감성분석을 바탕으로 COVID-19 이전의 러시아 블라디보스톡 관광인식을 분석하였다. 이 결과를 바탕으로 앞으로 포스트코로나 시대를 맞이하여 블라디보스톡 여행 상품을 어떻게 기획하는 것이 좋을지 제안하고 있다.

마지막으로 경상국립대학교 문화융복합학과 박가영 강사는 근대의 대표 산업시설물 중에서 기능을 잃고 방치된, 진주의 경전선 폐터널인 진치령의 문화·예술적 활용과 관련한 사례 조사에 주안점을 둔 연구를 진행했다. 또 지역에 산재한 문화자산을 보존하고 복원하는 차원에서 다양한 분야와의 연계 및 적용을 통해 인간성의 회복, 삶의 질 고양, 지역의 정체성 강화 등에 기여하는 방안을 도출하고자 했다.

이렇게 올해의 해외지역연구센터 총서는 우리나라, 러시아, 중국, 프랑스를 아우르는 유라시아 지역의 역사, 언어와 같은 순수 인문학에서 빅데이터와 문화까지 융복합적인 내용을 담고 있다.

총서에 흔쾌히 논문을 게재하여 주신 연구자들께 감사의 말씀을 드리고 꼼꼼하게 편집하고 깔끔한 총서를 완성시켜 준 글로벌 콘텐츠 그룹에도 고맙다는 인사를 드린다.

앞으로도 경상국립대학교 국제지역연구원 해외지역연구센터는 학술성이 풍부하면서도 전문연구자와 일반인도 모두 관심을 가질 수 있는 주제를 선택하여 학술발표회, 강연, 국제학술대회 그리고 총서 발행을 계속해 나갈 것이다.

경상국립대학교 국제지역연구원 해외지역연구센터 정경택

차례 ✦

경상국립대학교
해외지역연구센터
2021 총서

아키텐의 독립을 꿈꾸다: 아키텐 공 외드 1세의 좌절된 꿈[*]

이정민(경상국립대학교 사학과 교수)

Ⅰ. 머리말

721년 툴루즈 전투(la bataille de Toulouse)의 승리로 이슬람군의 숨막히는 공격을 막아낸 아키텐(Aquitaine) 공 외드(Eudes) 1세는 용맹스러운 전사이다. 또한 이슬람 수장 오트만(Othman ben Abi Nessa)을 사위로 맞아들이는 결혼 동맹으로 이슬람과의 돈독한 정치·군사 연합체를 결성한 뛰어난 전략가의 면모를 갖춘 프린켑스

이 글은 「세계 역사와 문화 연구」제57호(2020년 12월)에 게재된 논문을 수정·보완하였음.

(princeps)이기도 하다. 연이은 아우스트라시아(Austrasia) 왕들의 사망과 정치적 불안정 속에서 아키텐 공 외드 1세는 아키텐 공령의 확장과 아키텐의 독립을 꿈꾼 인물이다. 714년 피피누스(Pippinus, Pépin le Gros, Pépin d'Héristal) 2세가 사망하자, 아키텐 공 외드 1세는 신속하게 자신의 공령을 확장해나갔다. 이어 717년경에는 네우스트리아(Neustria) 왕 칠페리쿠스 2세(Chilpericus, Chilpéric Daniel)와 그의 궁재(major domus) 라강프레두스(Ragamfredus)와 연합하여 아우스트라시아(Austrasia) 궁재 카롤루스 마르텔루스(Carolus Martellus)에게 맞섰다.[1] 그러나, 732년 투르-푸아티에 전투(la bataille de Tour-Poitiers) 이후 프랑크 왕국의 새로운 왕조의 개창과 이에 필요한 정당성을 확보하려는 카롤루스 마르텔루스의 정치·군사적 시도는 아키텐 공 외드 1세의 존재를 점차 희미하게 만들어버렸다. 카롤루스 마르텔루스가 이슬람 세력을 격퇴시킨 투르-푸아티에 전투는 721년 툴루즈 전투의 승리를 빛바랜 기억 속으로 사라지게 했고 카롤링 시대의 연대기 작가들은 아키텐 공 외드 1세의 역할과 성공을 과소평가하고자 했다.

---

[1] 《Legationem ad Eudonem dirigunt, ejus postulantes auxilium, regnum et munera tradunt.》, Martin Dom Bouquet (ed.), *Recueil des historiens des Gaules et de la France*, nouv. éd. publ. sous la dir. de M. Léopold Delisle(Poitiers: Henri Oudin, 1869), T.2, pp.660-661.

6세기 내내, 전리품이나 어느 한 부분의 땅이라도 차지하려는 왕들의 욕망으로 아키텐은 분할되었으며 673년까지 궁재 에브로이누스(Ebroinus)와 네우스트리아(Neustria) 왕들의 통치를 받게 되었다. 그러나 660년부터 670년까지 툴루즈를 통치하고 바스콩(vascon)들과의 경쟁하던 페릭스(Felix) 공과 더불어 아키텐은 점점 독립적인 공국으로 성장해나갔다. 673년, 아키텐인들의 추대를 받은 페릭스는 아우스트라시아와 네우스트리아의 첨예한 갈등을 틈타 자신의 통치권을 확장시키는 루푸스(Lupus, Loup)를 후계자로 삼았다.

『성 마르셀 기적집(*Miracula Martialis*)』에 따르면, 아키텐 공 루푸스 1세는 궁재 에브로이누스에게 맞서 성 레오데가리우스(Leodegarius) 편에서 싸웠다.[2] 아키텐 공 루푸스 1세와 성 레오데가리우스는 패했으나 아키텐 공 루푸스 1세는 계속 투쟁하여 676년경 툴루즈에서 북쪽으로 원정대를 보내기도 하였다. 무엇보다 아키텐 공 루푸스 1세의 주된 관심은 아키텐의 주요 중심부 리모쥬(Limoges)를 차지하는 것이었다. 7세기 말에 작성된 『에스파냐 서고트왕 이야기(*L'Historia Wambae*

---

2) 《Ebroinus comes palatii, maior domus Francorum regni...puer unus... Lupus... Felicem...patricium ex urbe Tholosanensium qui et principatum super omnes civitates usque montes Pireneos, super gentem...Wascorum》, Oswald Holder-Egger (ed.), *Miracula Martialis, Monumenta Germaniae Historiae, SS.* XV(Hannover: Impensis Bibliopolii Hahniani, 1887), p.281.

Regis)』에서는 673년 셉티마니아(Septimania) 공 포루스(Paulus)의 반란 동안 베지에(Béziers)를 공격한 아키텐 공 루푸스 1세를 'unum a ducibus Franciæ...Lupum'로 기술하고 있다.3) 이와는 달리, 알비 (Albi) 교회 문서에는 673년이 아니라 674년으로, 아키텐 공 루푸스 1 세의 이름을 "Lupone duce"로 기록하고 있다.4) 아키텐 공 루푸스 1세 는 툴루즈 백령과 가론(Garonne)강까지 이르는 그의 공령을 크게 확장 시켰다.

루푸스를 이어 아키텐 첫 번째 공이 된 외드 1세의 활동에 관한 기록은 714년에서야 등장한다. 700년경 '프랑크인의 뿌리를 가진(d'origine franque)' 외드 1세가 아키텐 공 루푸스 1세를 승계한 것으로 보이지만 아키텐 공 외드 1세의 출신 가문에 관한 정보는 정확하게 알려져 있지 않 다.5) 예를 들어, 아키텐 공 외드 1세의 아버지가 루푸스라고 주장하는 이 들도 있고 보기스(Boggis)라 주장하는 일들도 있다. 지금까지도 이 질문 에 대한 답은 여전히 미지수다.6) 16-17세기 몇몇 역사가들은 아키텐 공

---

3) Bruno Krusch (ed.), *Monumenta Germaniae Historiae, SS*(Hannover: Impensis Bibliopolii Hahniani, 1910), p.523.

4) Claude Dom Devic & Joseph Dom Vaissette, *Histoire générale de Languedoc* (Toulouse: J. B. Paya, 1840), t.II, Preuves, p.592.

5) 아키텐 공 외드 1세의 결혼과 아내에 관한 정보는 알 수 없으나 3명의 아들과 이슬람 수장 오트만과 결혼한 딸 랑페지가 있다. Jean-François Bladé, "Eudes duc d'Aquitaine", *Annales du Midi*, T.4, N.14(1892), p.190.

외드 1세를 페릭스를 승계한 루푸스의 아들로 만들었으나[7] 에스파냐 역사가들 중에는 아키텐 공 외드 1세의 아버지를 칸타브리(Cantabrie)의 쟁쟁한 영주 중 서고트 왕 로데릭쿠스(Rodericus)와 함께 이슬람군을 물리친 안데카(Andeca)로 설명하기도 한다.[8] 이와는 반대로, 아키텐 공 외드 1세를 프랑크 공으로 받아들이는 연대기 작가들도 있다.[9] J. F. 블라데(Bladé)는 아라곤 왕실 가계도를 분석함으로써 안데카의 아들이라는 주장을 반박할 뿐 아니라 보기스의 아들이라는 주장 역시 조심스럽게 접근해야 한다고 설명한다.[10] 동시대 역사가들은 루아르(Loire)와 피레네(Les Pyrénées) 사이에 있는 대부분의 영토를 통치하는 아키텐 공 외드 1세를 '아키텐의 프린켑스(Aquitaniae princeps)'로 부르고 있으며 그는 빠른 속도로 피피누스 2세의 경쟁자 중 한 명으로 급부상하였다.[11] 이

---

6) François Dom Chamard, *L'Aquitaine sous les derniers mérovingiens au VIIe et au VIIIe siècle*(Paris: Victor Palmé, 1883), p.30.

7) Jean-François Bladé, "Eudes duc d'Aquitaine", p.145.

8) 이어서 안데카의 아들은 셉티마니아로 지나 아키텐 공의 무남독녀와 결혼하고 자신의 공권을 확장했다고 기록한다. Esteban De Garibay, *Los XL libros del Compendio historial de las Chronicas y universal historia de todos los reynos de Espana*(Anveres: impr. C. Plantino, 1571), I. XXXI, c.2; Juan de Mariana, *Historia de Rebus Hispaniae*(Moguntiae: Wechelus, 1605), I, VII, c.3.

9) Jean-François Bladé, "Eudes duc d'Aquitaine", p.146.

10) *Ibid.*, pp.146-149.

11) Stéphane Lebecq, *Les Origines franques Ve-IXe siècle, Nouvelle Histoire de la France Médiévale*(Paris: Seuil, 1990), Vol.1, p.182; 스테판 르벡의 연구는 5세기-8세기

즈음, 아키텐 공 외드 1세는 베리(Berry), 오베르뉴(Auvergne)와 푸아투(Poitou)를 정복하여 자신의 공령을 확장시킨 것으로 보인다. 이 글에서는 732년 투르-푸아티에 전투의 승리와 카롤루스 마르텔루스의 카롤링 왕조 개창으로 이어지는 '카롤루스 마르텔루스 신화'[12]에 가려진 아키텐 공 외드 1세의 정치·군사적 행보에 주목하고자 한다. 또한 8세기 프랑크 왕국의 정치적 불안정과 에스파냐로부터 끊임없이 공격해오는 이슬람군의 팽창이라는 대내외적 변동 속에서 아키텐의 독립과 아키텐 공권의 확장을 시도한 아키텐 공 외드 1세를 통해 카롤링 왕가의 탄생을 새롭게 이해할 수 있는 가능성을 발견하고자 한다.

II. 아키텐 프린켑스 외드 1세와 궁재 카롤루스 마르텔루스

아키텐 공 외드 1세는 아우스트라시아와 네우스트리아로부터 니베르네(Nivernais), 비바레(Vivarais)와 아를르(Arles) 지역을 빼앗았다. 이어서 715년 아우스트라시아의 궁재 피피누스 2세가 사망하자 칠페리쿠

아키텐 연구자 미셸 루쉬(Michel Rouche)의 *L'Aquitaine des Wisigoths aux Arabes(418-781), Naissance d'une région*라는 연구 성과에 기반하고 있다.

12) 이정민, 「721년 툴루즈 전투와 732년 푸아티에 전투: 프랑크를 수호하다?」, 『통합유럽연구』 제11권 1집(2020).

스 2세13)와 궁재 라강프레두스를 앞세운 네우스트리아인들은 궁재 피피누스 2세의 서자이자 세 번째 아들인 카롤루스 마르텔루스14)에게 맞섰다.15) 결국 717년 3월 21일에 카롤루스 마르텔루스는 캉브레 (Cambrai) 근처에 있는 뱅시(Vincy)에서 프리슬란트(Frisia) 군대와 연합한 네우스트리아의 칠페리쿠스 2세와 궁재 라강프레두스에게 승리를 거뒀다. 카롤루스 마르텔루스는 바로 클로타리우스(Clotharius) 4세를 왕(rex)으로 추대했다.16) 카롤루스 마르텔루스에게 패한 칠페리쿠스 2세와 라강프레두스에게는 거침없이 정치 세력을 확장해나가는 카롤루스

---

13) 《Franci nimirum Danielem quondam clericum, cesarie capitis crescente, eum in regnum stabiliunt atque Chilpericum nuncupant.》, Societas Aperiendis Fontibus Rerum Germanicarum Medii Aevi (ed.), *Liber historiæ Francorum, Monumenta Germaniae Historiae*(Hannover: Impensis Bibliopolii Hahniani, 1888), p.326.

14) 688년경 피피누스 2세 2세와 고귀하고 아름다운 알파이드(Alpaïde)와의 동거혼에서 태어남.

15) Jean-François Bladé, "Eudes duc d'Aquitaine", p.172.

16) 《Succedente tempore Carlus, commoto exercito, contra Chilpericum et Ragamfredo direxit. Bellum inierunt die dominica in quadraginsimo, 12. kl. Aprl. in loco nuncupante Vinceco in pago Camaracense; nimia cede invicem conlisi sunt. Chilpericus vel Ragamfredus devicti, in fugam lapsi, erga vertentes, evaserunt; quos Carlus persecutus, usque Parisius civitate properavit. Deinde Colonia urbe reversus, ipsam civitatem coepit. Reserata praefata Plectrude thesauros partris sui reddidit et cuncta suo dominio restituit; regem sibi constituit nomine Chlothario.》, Bruno Krusch (ed.), *Chronicarum quae dicuntur Fredegarii scholastici liber IV, Fredegarii et aliorum chronica, Monumenta Germaniae Historiae*(Hannover: Impensis Bibliopolii Hahniani, 1888), p.174.

마르텔루스를 저지할 수 있는 현실적인 전략이 필요했다. 719년 칠페리쿠스 2세와 궁재 라강프레두스는 아키텐 공 외드 1세와 정치·군사적 연합을 구축하는 선택을 하였다. 『위-프레데가르(*Pseudo Frédégaire*)』는 네우스트리아 왕 칠페리쿠스 2세와 아키텐 공 외드 1세의 정치·군사적 결탁의 진행 과정이 명예로운 연합체의 탄생이라기보다는 세속적이고 물질적인 거래의 결과물이라는 부정적인 이미지를 전달하고 있다.[17]

> 칠페리쿠스 2세와 궁재 라강프레두스는 아키텐 공 외드 1세에게 사절단을 파견하였으며 '왕국통치권(regnum)'과 '선물(munera)'을 주었다.

이른바 아키텐 공 외드 1세는 아키텐의 왕국통치권과 선물을 칠페리쿠스 2세에게 받았으나 이에 관한 구체적인 설명은 없다. 그러나 네우스트리아 왕 칠페리쿠스 2세에게 왕국통치권과 선물을 받은 아키텐 공이자 프린켑스인 외드 1세는 반대급부로 정치적·군사적 연합을 협조와 연합을 제공하였다. 즉, 칠페리쿠스 2세와 아키텐 공 외드 1세 사이에는 마치 왕과 부왕(vice-roi)과 같은 봉건적 주종관계가 성립된 것으로 설명할 수

---

17) 《Chilpericus itaque et Ragamfredus legatinem ad Eodonem dirigunt, eius auxilium postulantes rogant, regnum et munera tradunt. Ille quoque, hoste Vasconorum commota, ad eos veniens, pariter adversus Carlum perrexerunt.》, *Ibid.,* p.174.

있다. 아키텐 공 외드 1세는 아우스트라시아 왕과 아우스트라시아 궁재에게 복종하는 것을 거절하는 대신 칠페리쿠스 2세에게 복종할 것을 선택했다. 그러나 『프랑크인들의 역사서(*Liber historiæ Francorum*)』에 따르면 '네우스트리아 왕 칠페리쿠스 2세와 궁재 라강프레두스는 아키텐 공 외드 1세에게 도움을 청했다.'라고 건조하게 기술하고 있다.18)

카롤루스 마르텔루스에게 적극적으로 맞서는 네우스트리아 왕 칠페리쿠스 2세와 아키텐 공 외드 1세의 정치·군사적 연합을 증언하는 『위-프레데가르』 연대기 작가와 『프랑크인들의 역사서』 연대기 작가의 입장은 현저한 차이를 보인다. 여기에서 의심스러운 점은 카롤루스 마르텔루스의 친형 칠데브란드(Childebrand) 백의 주문과 증언에 기반하여 작성된 『위-프레데가르』 연대기 작가의 관점이다. 그는 카롤루스 마르텔루스에게 맞선 강력한 경쟁자였던 아키텐 공 외드 1세에게 얼마나 호의적일 수 있을까? 『프랑크인들의 역사서』 연대기 작가가 '도움을 청했다'라고만 기술한 것과는 다르게 『위-프레데가르』 연대기 작가는 'regnum'과 'munera'를 언급하고 있다. 'munera'라는 이 단어는 '누군가에게 보상을 한다'라는 의미를 내포하고 있으므로 마치 칠페리쿠스 2세와 궁재 라강프레두스의 제안을 받아들이는 거래성 대가라는 이미지

---

18) 《Chilpericus itaque vel Ragamfredus Eudonem ducem expetunt in auxilio.》, Societas Aperiendis Fontibus Rerum Germanicarum Medii Aevi (ed.), *Liber historiæ Francorum, Monumenta Germaniae Historiae*, p.327.

를 풍긴다. 네우스트리아 왕 칠페리쿠스와 정치적 결탁으로 아키텐 왕이 된 외드 1세는 마치 명예와 용기를 선택하는 '존경받을만한 왕'이라기보 다는 권력과 재물에 눈이 먼 '탐욕스러운 전사'의 모습으로 재생되는 것 이다. 오히려 네우스트리아 왕 칠페리쿠스 2세와 'rex'와 'domnus princeps'[19])라는 일종의 주종적 관계에 기반한 정치·군사적 연합 구축 으로 아키텐의 독립과 확장을 적극적으로 시도하는 아키텐 공 외드 1세 의 정치적 행보는 상당히 전략적으로 보인다. 그러나 카롤루스 마르텔 루스의 정치·군사적 행위를 긍정적인 시각으로 바라보는 인상을 풍기 는 『위-프레데가르』 작가는 네우스트리아 왕과 아키텐 공의 정치·군사 적 연합을 명예로운 정치 행위가 아니라 세속 이해관계로 얽힌 정치적 거래로 바라보는 듯하다.

717년 뱅시에서 카롤루스 마르텔루스에게 패한 네우스트리아 왕 칠 페리쿠스 2세와 궁재 라강프레두스의 도움 요청을 받아들인 아키텐 공 외드 1세는 719년 수아송(Soissons) 부근에서 그들과 합류했다.[20]) 이

---

19) Princeps를 Prince로 번역할 경우, 프린스는 준(準) 왕권의 자치권을 소유하고 여러 백령을 거느 린 이를 부르는 호칭이다. 부르고뉴와 아키텐의 공을 '프린스'라고 부르고 있다. Jean Favier, *Dictionnaire de la France Médiévale*(Paris: Fayard, 1993), p.789.

20) 《Chilpericus itaque et Ragamfredus legatinem ad Eodonem dirigunt, eius auxilium postulantes rogant, regnum et munera tradunt. Ille quoque, hoste Vasconorum commota, ad eos veniens, pariter. Eudo territus, quod resistere non valeret, aufugit》, Bruno Krusch (ed.), *Chronicarum quae dicuntur Fredegarii scholastici liber IV*,

로써 네우스트리아 왕과 아키텐 공의 정치적·군사적 연합이 성사된 것이다. 그러나 카롤루스 마르텔루스는 단숨에 이들 연합을 패배시켰다. 아키텐 공 외드 1세는 네우스트리아 왕 칠페리쿠스 2세와 왕실 보물을 챙겨서 루아르강 남쪽으로 피신했다. 네우스트리아 왕 칠페리쿠스 2세와 아키텐 공 외드 1세에게 큰 승리를 거둔 카롤루스 마르텔루스의 눈앞에는 쉴 새 없이 해결해야만 하는 작센족이 있었다. 카롤루스 마르텔루스는 협상의 필요성을 느꼈다. 먼저 자신의 사절단을 아키텐 공 외드 1세에게 파견하여 칠페리쿠스 2세와 왕실 보물을 되돌려 줄 것을 요구했다. 마찬가지로, 툴루즈를 포위한 상황에서 아키텐 공 외드 1세 역시 강화조약을 체결하는 것을 선택했다. 결국 720년 아키텐 공 외드 1세는 네우스트리아 왕 칠페리쿠스 2세와 왕실 보물을 카롤루스 마르텔루스에게 돌려 보냈고 강화조약을 맺었다. 이어서, 아우스트라시아의 왕 클로타리우스 4세의 죽음으로 칠페리쿠스 2세가 프랑크 왕국의 왕으로 추대되었다. 결국 수와송에서 패하였지만 현실적인 필요성으로 추진된 강화조약 이후 아키텐 공 외드 1세는 공권 확장과 아키텐의 독립을 추진하기 시작했다. 메로빙 왕조로부터 정통성을 잇는 카롤링 왕조의 개창 과정과 정당성을 설명하는 성격을 강하게 보이는 『메츠 연대기(*Annales Mettenses Priores*)』는 아키텐 공 외드 1세를 도착한 카롤루스 마르텔

Fredegarii et aliorum chronica, *Monumenta Germaniae Historiae*, p.174.

루스에게 맞서 싸우기는커녕 곧장 퇴각해버리는 비겁하고 무능한 전사처럼 묘사한다.[21] 카롤링 왕조를 미화하는 뚜렷한 입장을 취하는『메츠 연대기』가 궁재 카롤루스 마르텔루스를 용맹스러운 이상적인 전사로 기술하는 것과는 대조적으로 그에게 맞서는 강력한 경쟁자였던 아키텐 공 외드 1세를 한심한 겁쟁이로 평가하는 것은 과히 놀라운 일은 아닐 수 있다.

그러나 불행히도 아키텐 공 외드 1세는 피레네와 골(Gaule)을 가로질러 공격해오는 이슬람군들을 저지시켜야 하는 위급한 현실 과제에 직면했다. 다마스(Damas)의 칼리프(khalife)의 이름으로 에스파냐를 통치하던 발리(vali)[22] 엘-호우르(El-Haur)는 720년 셉티마니아 지역으로 공격해왔고 나르본을 장악했다. 다음 해, 이슬람인들은 툴루즈를 공격했다. 이슬람 세력은 님므(Nîmes), 카르카손느(Carcassonne)까지 진출했으며 론(Rhône)과 손(Saône)까지 진격해서 725년 8월 21일 오툉(Autun)을 약탈했다. 이러한 혼란 속에서 아키텐 공 외드 1세와 카롤루

---

21) 《Quod cum audisset Eodo, Carolum quidem esse in itinere et paratum esse a sui regni finibus superbum hostem repellere, territus fugit, Hilpericum regem secum thesaurisque regalibus sublatis evexit.》, Bernhard Von Simson (ed.), *Annales Mettenses Priores, Monumenta Germaniae Historiae*(Hannover: Impensis Bibliopolii Hahniani, 1905), p.25.

22) Wali(vali), 아랍어로 '거장', '권위', '보호자', '총독' 등으로 해석할 수 있다. 지방에 파견된 행정관을 뜻한다.

스 마르텔루스의 전쟁은 지속되었으며, 카롤루스 마르텔루스는 아키텐을 2번에 걸쳐 공격했다.[23] 아키텐 공 외드 1세는 거침없는 공격을 감행하는 카롤루스 마르텔루스에 대항할 방책으로 북쪽 에스파냐의 이슬람 수장 오트만과 평화를 맺고자 손을 내밀었다. 이러한 상황과는 달리, 베르베르(berbère)인들의 지지를 받으며 이슬람 수장들 사이에서 우월한 위치를 확보하려던 오트만을 못마땅하게 여긴 아브드 알 라만(Abd el-Rhaman)은 프랑크 왕국을 침공할 준비에 몰두하고 있었다.

III. 베리(Berry) 기적 일화와 아키텐 공 외드 1세

『부르쥬의 주교 성인 아우스트레질의 기적집(*Ex Libro Miraculorum Sancti Austregisili Episc. Bituric*)』에서는 베리(Berry)에서 발생한 아키텐 공 외드 1세와 아우스트라시아 궁재 사이의 전쟁을 소개하고 있다. 이 기적집에서 기술된 베리에서 발생한 기적 일화에 주목하는 이유는 바로 아키텐 공 외드 1세와 아우스트라시아 궁재 사이의 갈등은 적어도 궁재 피피누스 2세까지 거슬러 올라갈 수도 있다는 점이다. 즉, 아키

---

23) Martin Dom Bouquet (ed.), *Ex Libro Miraculorum Sancti Austregisili Episc. Bituric.*, *Recueil des Histoirens des Gaules et de la France*, T.2, prefatio, CXIV.

텐 공국의 독립을 향한 아키텐 공 외드 1세의 정치적 시도는 앞서 살펴본 카롤루스 마르텔루스에 맞선 네우스트리아인들과의 정치·군사적 연합 이전부터 지속되고 있었다는 사실이다. 그러나 이 기적 일화의 배경이 되는 베리 전쟁 연도를 둘러싼 논쟁이 지속되고 있으며, 현재는 크게 691년이나 731년 중 하나로 좁혀지고 있다. 691년 혹은 731년이라는 베리 전쟁 연도의 문제가 논쟁이 되는 이유는 바로 '이 기적 일화의 주인공인 궁재가 누구인가'라는 것이다. 즉, 피피누스 2세인가? 아니면 카롤루스 마르텔루스인가? 우선 『부르쥬의 주교 성인 아우스트레질의 기적집』에서 소개하고 있는 일화를 살펴보자. 투렌(Touraine)에서 돌아오던 피피누스 2세는 아키텐 공 외드 1세보다 먼저 베리(Berry)에 도착했다고 기술한다.[24]

아키텐 공 외드 1세와의 전쟁을 원하는 프랑크인들의 프린켑스 피피누

---

24) 《Post idem tempus cum Pippinus Princeps Francorum adversus Eudonem Aquitaniae Principem volens dimicare, ad urbem Bituricam advenisset, Barbari de ipso exercitu positi cum in villa, quae vocatur Carobrias, domum quamdam, quae beati Austregisili fuerat, & in qua ipse frequenter manens jacuerat vel dormieratm igne vellent succendere, dixerunt ex vicisis quidam, qui ibi commanebant: Nolite succendere domum istam, quia domus est sancti Austregisili, ubi ipse sape mansit vel jacuit, ideo Dominus plures virtutes inibi operatur.》, Martin Dom Bouquet (ed.), *Ex Libro Miraculorum Sancti Austregisili Episc. Bituric., Recueil des Histoirens des Gaules et de la France*, T.2, p.660.

스 2세가 먼저 부르쥬(Bourges) 근처에 도착했다. 이른바 세르(Cher) 강을 통과하던 바르바이인들(Barbari)은, 즉 피피누스 2세의 병사들은 생 아우스트레질(Saint Austrégésile) 수도원 영역인 스티발리스 (Stivalis)라고 불리는 이웃 마을을 약탈하였다. 매일 기적이 일어났다. 성인이 누워 있던 침상이나 사용했던 물건을 만지는 많은 병자들의 병이 나았다. 그러나 피피누스 2세의 프랑크 병사들은 마을에 불을 질렀고 엄청난 피해를 발생시켰다. 이 소식을 접한 피피누스 2세는 이제부터 성인의 유물을 존중해줄 것을 명했다.

부르쥬 대주교였던 성인 아우스트레질의 기적 일화는 여느 기적 일화와 크게 다를 바 없는 것처럼 보인다. 이 일화에서는 부르쥬가 아키텐 공외드 1세가 아니라 피피누스 2세의 손아귀에 들어간 것으로 설명하고 있다. 그러나 이어지는 기술을 살펴보면 당시 부르쥬 시테(cité)를 장악하고 있던 이는 바로 아키텐 공 외드 1세이다.25) 아키텐 공 외드 1세가 생 아우스트레질 수도원에 기도하러 와서는 수도승들에게 "슈시앙 (Chucian)이 이곳 성 아우스트레질의 무덤에서 나에게 복종신서를 했

---

25) 《Non Multo post tempore cum Eudo Princeps Bituricas civitatem obsidione circumvallatam haberet, unum de Optimatibus Agnum nomine, in Monasterio beati Austregesili jussit manere. At ille quidquid invenire potuit in ipso coenobio, suis comitibus tradidit dispensandum, ita ut nulla Fratribus remaneret substantia》, *Ibid.*, p.660.

기 때문에 나는 그를 믿었었다. 만약 내가 성 아우스트레질에 대한 믿음이 없었다면, 슈시앙이 나를 배신하는 일도 없었을 것이다"라며 슈시앙의 배신을 한탄했다. 슈시앙은 프랑크의 카롤루스 마르텔루스(in Franciam apud Carolum Principem) 곁으로 도망갔다. 즉, 아키텐 공 외드 1세는 슈시앙에게 부르쥬 방어를 맡겼음에도 불구하고 그는 부르쥬 방어는커녕 이를 프랑크에게 넘겨버리고 아키텐 공 외드 1세가 접근해오자 루아르강 북쪽으로 도망을 가버린 것이다. 그러자 아키텐 공 외드 1세는 생 아우스트레질 수도원을 다시 방문하여 성 아우스트레질 무덤에서 슈시앙의 복종신서를 행하였으니 성인 아우스트레질이 증인이며 슈시앙의 배신에 대한 책임이 있다는 것을 공개적으로 언급하는 것이다. 그러므로 아키텐 공 외드 1세는 성인 아우스트레질에게 슈시앙의 배신에 대한 신속한 응징을 행할 것을 요구하는 것이다. 이어서 슈시앙의 배신에 곧장 성 아우스트레질의 복수가 진행되었다고 『부르쥬의 주교 성인 아우스트레질의 기적집』은 전한다.26) 그러나 성인의 복수 내용

---

26) 《Cum Eudo Rex orandi gratia ad Monasterium sancti Ausfregisili advenisset, facta ortione coepit conqueri cum Fratribus dicens...Ipsi credidi, cum fidejussorem recepi, quando Chutianus in isto loco fecit mihi sacramentum. Et aiebat ad sanctum Ausfregisilum: Sancte auffregisilie, fac mihi de remetipso justitiam, Si tibi non credidissem, chutianus me non fugisset. Nunc vero judica juste de illo, ego tuis servientibus multa bona dabo. Ipse Enim Chuntianus postquam ad sepulcrum beati Ausfregisili Eudoni Regi fidem juravit, in Franciam ad Carolum Regem fugit...》, *Ibid.*, T.2, p.661.

에 관한 설명은 없다.

바로 앞에 언급된 성 아우스트레질의 기적 일화에서는 '피피누스'라고 불리는 카롤링 집안의 인물이라고 언급하고 있으나 과연 이 기적 일화의 주인공이 피피누스 2세인가라는 의구심이 생긴다. 왜냐하면, 무엇보다도 이 기적 일화의 역사적 배경은 691년 혹은 731년 아키텐 공 외드 1세와 카롤루스 마르텔루스의 전쟁일 가능성이 매우 높다. 또한 이 기적 일화의 마지막 부분 'in Franciam ad Carolum Regem fugit'에서 알 수 있듯이 기적집 작가 본인이 'Pippinus'가 아닌 'Carolus'로 기술한 것은 우연일까? M. 포리엘(Fauriel)은 'Pippinus'라고 기술된 인물이 바로 'Carolus', 즉 카롤루스 마르텔루스일 가능성이 높다고 제안한다.[27] 731년 아키텐 공 외드 1세가 부르쥬를 장악하고 있었고 피피누스 2세가 아키텐 공에게서 촌락을 빼앗았고 아키텐 공 외드 1세는 이를 곧장 응징하였다는 것은 바로 731년 아키텐 공 외드 1세와 카롤루스 마르텔루스의 전쟁을 기술하는 것이라고 설명한다.[28] 그러나 M. 페루(Perroud)는 '695년과 714년 사이 젊은 아키텐 공이 베리를 정복했다.'라는 사실에 맞춰 성 아우스트레질의 기적 일화는 714년 피피누스 2세 사망 이전에

---

27) Claude Charles Fauriel, *Histoire de la Gaule méridionale sous la domination des conquérants germains*(Paris: Paulin, 1836), t.III, pp.114-115.

28) Jean-François Bladé, "Eudes duc d'Aquitaine", p.154.

일어났을 것으로 추정한다.[29] 하지만 M. 페루의 해석에 대한 J. F. 블라데(Bladé)의 견해는 부정적이다. 이미 외드 1세는 714년부터 아키텐 공이 되었고 4년 뒤인 718년 카롤루스 마르텔루스에게 대항할만한 강력한 권력을 가지고 있었다고 주장한다.[30] 샤마르(Chamard)는 699년 이전 베리에서 아키텐 공 외드 1세와 피피누스 2세가 전쟁을 벌인 것에 주목한다. 『부르쥬의 주교 성인 아우스트레질의 기적집』에서 기술된 피피누스는 카롤루스 마르텔루스가 아니라 아우스트라시아 왕(rex) 티에리(Thierry) 3세 통치 아래 'Principem regni'라고 불리고 피피누스 2세라고 주장한다. 즉, 688년 클레르몽(Clermont) 주교 아비투스(Avitus)가 임종을 맞이하여 성 보네(Saint Bonet)를 자신의 후계자로 지목하고 왕실 동의를 얻고자 궁정으로 보낸 소청에 대한 왕의 칙령과 궁재였던 피피누스 2세의 문서를 받았다는 것이다.[31] 다시 말하자면, 아우스트리아 왕 티에리 3세 치하에서 궁재 피피누스 2세가 왕실의 모든 행정 업무를

---

29) Claude Perroud, *Des origines du premier duché d'Aquitaine*(Paris: Hachettes, 1881), pp.174-175.

30) Jean-François Bladé, "Eudes duc d'Aquitaine", p.155.

31) 《Eodem tempore sub Theoderico Principe Pippinus regni primatum tenens, atque curam palatii gerens, cunctaque gubernacula suo disponebantur arbitrio.Cumque vir Dei supradictus germanus ejus relationem pro adipiscenda auctoritate regia direxisset...ut ex regio jussu ejusque praecepto idem robararetur consensus...》, Martin Dom Bouquet (ed), *Recueil des historiens des Gaules et de la France*, T.2, pp.660-661.

도맡아서 처리하고 있었으며 아키텐 역시 예외가 없이 궁재 피피누스 2세의 영향 아래에 있었다는 것은 분명하다. 즉 691년 티에리 3세, 693년 클로비스(Clovis) 3세, 711년 칠데베르투스(Childebertus) 3세와 715년 다고베르투스(Dagobertus) 3세 등 연이은 아우스트라시아 왕들의 죽음으로 프랑크 왕국을 재정립할 필요성을 강하게 느꼈던 피피누스 2세는 아키텐을 공격했다. 당시 부르쥬에 자리잡고 있던 아키텐 공 외드 1세에게 공격을 감행하여 촌락을 불태웠다고 기적 일화는 설명한다.[32]

IV. 721년 툴루즈 전투와 결혼 동맹

720년 나르본(Narbonne)을 점령한 이슬람군은 카르카손느와 코트 뒤 론(côte du Rhône)을 장악하고 가론강까지 진격했다. 카르카손느, 나르본과 엘른 교구 거주민들은 이슬람군에게 저항했다. 엘 사마흐(El Samah)는 셉티마니아에서 전쟁을 한 경험이 있었으며 이베리아 반도의 통치권력을 재정립하고자 하는 정치적 야망을 지니고 있었던 것 같다. 이슬람 수장 엘 사마흐는 자신들에게 맞서 셉티마니아의 서고트를

---

32) François Dom Chamard, *L'Aquitaine sous les derniers mérovingiens au VIIe et au VIIIe siècle*, p.33.

구한 아키텐 공 외드 1세와 전쟁을 벌이기로 하였다. 그는 이슬람의 막강한 군사력을 이끌고 피레네를 넘었다.[33] 아키텐 공 외드 1세보다 먼저 툴루즈에 도착한 이슬람군은 참호와 무기를 준비했다. [34] 아키텐 공 외드 1세는 이슬람군을 포위했으며 아키텐 공 외드 1세의 아키텐 별동대가 이슬람군을 뚫었다.[35] 단 하루 만에 아키텐 공 외드 1세의 부대는 이슬람의 항복을 받아내었다.[36] C. 포리엘은 이 전투에서 엘 사마흐를

---

33) Claude Charles Fauriel, *Histoire de la Gaule méridionale sous la domination des conquérants germains*, t.III, p.75.

34) 《Ipse autem bellis plurimis Tolosam veniens obsidionis ambitu circuivit et cepit eam variis machinis impugnare, gens autem Francorum cum Eudone exercitus sui Duce in obsessorum auxilium supervenit, cumque uterque exercitus coepisset acriter dimicare, Franci Zamam Ducem Arabum cum parte multitudinis premerunt, reliqui obsidione relicta se fugae patrocinio commiserunt, et qui evaserunt Abderramen sibi Principem elegerunt, donec principalia jussa venirent.》, Roderici Toletani, *Rerum Hispanicarum Scriptores aliquot*(Francofurti: Exofficinatypographica Andreae Wecheli, 1579), c.11.

35) 《Eo tempore gens Sarracenorum in loco qui Septem dicitur ex Africa transfretantes, universam Spaniam invaserunt. Deinde post decem annos cum uxoribus et parvulis venientes, Aquitaniam Galliae provinciam quasi habitaturi ingressi sunt. Carolus si quidem cum Eudone Aquitaniae principe tunc discordiam habebat. Qui tamen in unum se conjungentes, contra eosdem Sarracenos pari consilio dimicarunt. Nam irruentes Franci super eos, trecenta septuaginta quinque milia Sarracenorum interimerunt; ex Francorum vero parte mille et quingenti tantum ibi ceciderunt. Eudo quoque cum suis super eorum castra inruens, pari modo multos interficiens, omnia devastavit.》, Georg Waitz (ed.), *Monumenta Germaniae historica, Scriptores rerum Langobardicarum et Italicarum saec.*.(Hannover: Impensis Bibliopolii Hahniani, 1878), I, VI, c.46.

포함한 375,000명의 병사가 사망하고 1,500명의 그리스도교 병사가
사망하였다고 기술한다.[37] 721년 툴루즈 전투에 관한 이븐 하이얀(Ibn
Hyyan)의 기록은 이 전투에서 살아남은 이슬람인은 없다고 하지만[38]
카롤링 시대의 연대기 작가들은 이 전투에서 도망쳐 나온 이들이 나르본
을 차지했다는 설명을 덧붙이면서 721년 툴루즈 전투 승리의 역사적 의
미를 축소하는 듯한 인상을 준다.[39] 피레네에서 진행된 이슬람군의 전
투와 공격에 관한 중요한 증언을 담고 있는 『무아사 연대기(*La*

---

36) 《Eodem tempore nesanda Agarenorum gens, cim iam Spaniarum provinciam per x
   annos tenerent peruasam, undecimo anno apud Rhodanum conabantur fluvium
   transire, ad Francias occupandum, ubi Eodo preerat. Qui facta generali francorum
   monitine contra Sarracenosm eos circundantes interemerunt. Trecenta enim
   septuaginta quique milia uno sunt die interfecti, ut eiusdem Eodonis Francoru ducis
   missa Pontifici epistola continebat; mille tantum quingentos ex Francis fuisse
   mortuos in eodem bello dixerunt, adiiciens quod anno praemio in benedictionem a
   praedicto viro ei directis tribus spongiis quibus ad usum mense pontificis
   apponuntur, in hora qua bellum commitebatur, idem Eodo, Aquitaniae princeps,
   populo suo per modicas partes tribuens ad sumendum eis, unus vulneratus est, nec
   mortuus ex his qui participati sunt.》, Duchesne Louis (ed.), *Liber pontificalis*(Paris:
   E. Thorin, 1886-1892), t.1, p.401.
37) 교황 그레고리우스 2세에게 보낸 보고에 따르면, 이슬람군 375,000명이 사망하고 프랑스인
   1,500명이 사망했다. Claude Charles Fauriel, *Histoire de la Gaule méridionale sous la
   domination des conquérants germains*, t.III, p.79.
38) *Ibid.*, t.III, p.80.
39) Georg Heinrich Pertz (ed.), *Chronicon Moissiacense, Scriptores*(Hannover:
   Impensis Bibliopolii Aulici Hahniani, 1826), p.290.

Chronique de Moissac)』에 따르면, 이슬람군은 나르본을 점령한 후 툴루즈 전투에서 용감하게 활약했던 아브드 알 라만을 임시 발리로 선출했다고 전한다. 또한 이어서 이슬람 군대를 이끌고 나르본으로 왔던 엘 사마흐가 지목했던 자신의 사령관 안바사(Anbasa ben Sohim)가 임종을 맞이하게 되고 그 후임으로 무누자(Munuza, Munuz)라고도 불리는 오트만이 뒤이어 권력을 장악했다.40) 그러나 이슬람 수장들 사이에서 자신의 위치를 확고하게 굳히겠다는 정치적 의도를 품고 있던 아브드 알 라만은 여러 이슬람 수장들, 특히 당시 아랍계의 지배를 받던 베르베르인들의 지지를 받던 오트만의 존재를 불편하게 여겼다. 아브드 알 라만에게 오트만은 정치적 경쟁자이자 견제의 대상이었고 아브드 알 라만은 오트만을 예의주시하고 있었다.

한편, 이슬람인들에게 커다란 승리를 거두었음에도 불구하고 아키텐 공 외드 1세는 긴장의 끈을 놓을 수가 없었다. 바로 루아르강쪽에서 거침없이 확장하는 카롤루스 마르텔루스 존재가 상당히 위협적이었기 때

---

40) 《Quam dum obsiderent, exiit obviam eis Eudo Princeps Aquitaniae cum exercitu Aquitanorum vel Francorum, et commisit cum eis praelium. Et dum praeliare coepissent, terga versus est exercitus Sarracenorum, maximaque pars ibi cecidit gladio. Ambisa Rex Sarracenorum cum ingenti exercitu post quinto anno Gallias aggreditur, Carcassonam expugnat et capit, et usque Nemauso pace conquisivit, et obsides eorum Barchinona transmittit.》, Claude Dom Devic & Joseph Dom Vaissette, *Histoire générale de Languedoc*, t.II, Preuves, p.587.

문이다. 아키텐의 공권 확장을 추진하던 아키텐 공 외드 1세는 카롤루스 마르텔루스를 견제할 수 있는 전략과 군사력이 필요했다. 이러한 현실 속에서 공권 확장과 아키텐 독립을 추진하던 아키텐 공 외드 1세나 아브드 알 라만의 견제를 받으면서 국경지대에서 이슬람의 팽창을 시도하던 오트만은 현실의 어려움을 반전시킬 정치적 연합에 매력을 느꼈을 수 있다. 사실 아키텐 공 외드 1세의 결혼이나 그의 아내에 관해서는 알려져 있지 않으나 랑페지(Lampégie)라고 불리는 아름다운 딸이 있었다는 사실은 오트만과의 결혼을 추진하는 일화를 통해서 알 수 있다.[41] 아키텐 공 외드 1세와 이슬람 수장 오트만의 협상으로 오트만과 랑페지의 결혼이 성사되었다.[42] J. A. 콩드(Conde)는 오트만과 랑페지가 곧 사랑에 빠졌으며 랑페지가 아무런 거부감 없이 오트만의 아내가 되었음을 기술하고 있다. 이슬람 수장 오트만과 아키텐 공 외드 1세의 딸 랑페지의 결혼으로 평화협정이 맺어졌다. 이 결혼 동맹 덕분에 아키텐 공 외드 1세의 공권은 에브르(Ebre) 계곡까지 확장되었다.

아키텐에게 위협적이었던 이슬람 세력은 이제 결혼 동맹으로 안정적

---

41) Claude Charles Fauriel, *Histoire de la Gaule méridionale sous la domination des conquérants germains*, t.III, p.103.

42) 당시 연대기 작가들 중에는 이들 결혼을 정치적 이해관계를 위한 종교적 희생이라 비판하기도 한다. Claude Dom Devic & Joseph Dom Vaissette, *Histoire générale de Languedoc*, t.II, p.79.

인 정치적 동반자가 되었으나 아키텐 공 외드 1세는 또 다른 위기에 직면하게 되었다. 730년 카롤루스 마르텔루스는 라인강 건너 자신의 원정대를 떠나 작센족, 알레마니아족, 수에비아족, 바바리아족에게 승리를 거뒀다. 카롤루스 마르텔루스는 자신의 군대를 확장하고자 아키텐 공 외드 1세를 공격의 대상으로 삼았다. 정치적 명분과 자신의 체면을 살릴 요량으로 카롤루스 마르텔루스는 아키텐 공 외드 1세가 의무를 게을리하고 있다는 불평을 쏟아냈다. 그러나 카롤링 왕가에 충성스러운 연대기 작가들은 아키텐 공 외드 1세의 성실하지 못한 의무나 임무가 무엇인지를 밝히지 않는다. 단지 카롤루스 마르텔루스가 비밀리 자신에게 도전할 군사력을 준비하고 있는 아키텐 공 외드 1세에게 단지 경고할 목적으로 군사 행위를 감행했다고 주장한다. 하지만 점점 좁혀오는 이슬람군의 압박에 놓인 아키텐 공 외드 1세가 비밀리에 카롤루스 마르텔루스에게 저항할 군사력을 모집했을 가능성을 짐작하기 어렵다. 결국 731년 봄, 궁재 카롤루스 마르텔루스는 군대를 이끌고 루아르강을 건넜고 아키텐 공 외드 1세는 도망을 갔다. 이에 카롤루스 마르텔루스는 많은 전리품을 획득했고 그 해에 2번이나 아키텐을 공격했다.43)

---

43) 《Per idem tempus Eodone duce a iure foederis recedente. Quo comperto per internunitos, Carlus princeps, commoto exercito, Liger fluvium transiens, ipso duce Eodone fugato, preaeda multa sublata, remeatur ad propria. Eodo namque dux cernens se superatum atque derisum, gentem perfidam Saracinorum ad auxilium

그뿐만 아니라 732년 아브드 알 라만은 정치적 경쟁자였던 오트만을 징벌하고자 결혼 동맹으로 체결된 평화협정을 무효라고 주장하며 이슬람 군대를 끌고 피레네를 넘어 보르도를 포위했다.[44] 이때 아키텐 공 외드 1세는 보르도나 그 주변 강가에 자리잡고 있었던 것으로 보인다.[45] 오트만과 랑페지는 아브드 알 라만과 그의 부대를 피해 도망쳤으나 오트만은 랑페지를 보호하다가 결국 죽음을 맞이하였다. 죽음을 면한 랑페지는 칼리프의 하렘(harem)으로 보내졌다고 전한다.[46] 가론강 어귀에서 아키텐 공 외드 1세를 격파한 아브드 알 라만은 루아르강으로 진격하기 시작했다.[47] 물론 안정적인 결속력을 공유할 수 있는 정치적 연합으로

contra Carlum principam et gentem Francorum excitavit. Egressique cum suo regi Abdiama nomine Geronna transeunt, Burdigalensem urbem pervenerunt...》, Bruno Krusch (ed.), *Chronicarum quae dicuntur Fredegarii scholastici liber IV, Fredegarii et aliorum chronica, Monumenta Germaniae Historiae,* p.175.

44) Joseph Conde, *Histoire de la domination des Arabes et des Maures en Espagne et en Portugal*(Paris: Alexis Eymery, 1825), p.24.

45) Bruno Krusch (ed.), *Chronicarum quae dicuntur Fredegarii scholastici liber IV, Fredegarii et aliorum chronica, Monumenta Germaniae Historiae,* p.175.

46) Joseph Conde, *Histoire de la domination des Arabes et des Maures en Espagne et en Portugal,* p.24.

47) 《Quo conperto per internuntios, Carlus princeps, commoto exercito, Liger fluvim transiens, ipso duce Eodone fugatom praeda multa sublata, bis eo anno ab his hostibus populata, iterum remeatur ad propria. Eodo namque dux cernens se superatum atque derisum, gentem perfidam Saracinorum a auxilium contra Carlum principem et gentem Francorum excitavit.》, Bruno Krusch (ed.), *Chronicarum quae*

결혼 동맹을 선택한 것이 부자연스러운 일은 아니다. 하지만 당시 그리스도교 여성과 이슬람 남성의 결혼은 흔치 않은 선택으로 보일 수 있다. 초기 그리스도교 교회는 4세기 초 엘비라 공의회(the synod of Elvira)를 비롯하여 여러 공의회를 통해 이종교간 통혼 및 간통을 규제하였다.[48] 특히 그리스도교 여성과 비그리스도교 남성의 결혼은 더욱 엄격하게 다루어졌다는 사실을 고려할 때 오트만과 랑페지의 결혼은 아키텐 공 외드 1세의 정치적 선택임과 동시에 공격과 비난에 노출될 수 있는 위험성을 내포하고 있었다. 결과적으로 전쟁과 결혼 동맹을 발판으로 아키텐 왕국을 지켜내고자 했던 아키텐 공 외드 1세의 정치적 선택과 꿈은 수포로 끝났다. 이제 그에게 유일하게 남은 선택은 고귀한 프랑크 영웅 카롤루스 마르텔루스에게 도움을 청하는 일밖엔 없었다.[49]

---

dicuntur Fredegarii scholastici liber IV, Fredegarii et aliorum chronica, Monumenta Germaniae Historiae, p.175.

[48] 4세기 초 개최된 것으로 알려진 엘비라 공의회 개최 시점은 여전히 정확하지 않으나 313년 밀라노 칙령 공포 이전이라는 데에는 학자들의 이견이 없어 보인다. 서영건, 「이베리아 반도 초기 공의회의 유대관-엘비라 공의회를 중심으로-」, 『역사와 경계』 103호(2017), pp.340-354.

[49] Joseph Conde, *Histoire de la domination des Arabes et des Maures en Espagne et en Portugal*, p.140.

V. 맺음말

7-8세기 프랑크 왕국의 정치적 위기와 잦은 왕위 계승은 피피누스 2세를 포함한 궁재들이나 아키텐 공 외드 1세를 포함한 대제후들에게 정치적 성장과 권력 확장의 가능성을 제공했다. 게다가 에스파냐로부터 거침없이 팽창을 시도하는 이슬람 세력은 프랑크 궁재들과 대제후들이 직면한 정치·군사적 위기였다. 피레네부터 루아르강까지 끊임없이 진격해오는 이슬람 세력에 맞서 프랑크 궁재들과 대제후들은 때로는 크고 작은 전투를, 때로는 협상을 통해 정치·군사적 위기를 해결해나갔다.[50] 바로 아키텐 공 외드 1세가 대표적인 경우이다. 아우스트라시아와 네우스트리아의 첨예한 갈등을 틈타 네우스트리아 왕과 정치·군사 연합을 감행하기도 하고 아키텐 공국을 위협하는 이슬람 세력을 툴루즈에서 크게 패배시킨 아키텐의 용감한 전사이자 프린켑스였다. 또한 아키텐 공국의 위협적인 존재였던 이슬람 수장 오트만을 자신의 사위로 받아들이면서 이슬람 세력을 자신의 정치적 기반으로 수용한 현실 감각을 갖춘 전략가이며 유능한 정치가이기도 했다. 그러나 아키텐 공 외드 1세의 아키텐 공

---

50) 아키텐 공 외드 1세는 루아르강 건너에서 독자적인 왕국을 끌어가며 아브드 알 라만의 공격 이전까지 여러 해 동안 골(Gaule)을 이슬람으로부터 지켜왔다. Jacques Longueval, *Histoire de l'église Gallicane*(Paris: Pierre Simon, Imprimeur du Clergé de France, 1732), t.IV, p.247.

권 확장과 아키텐의 독립은 그가 선택한 정치적 판단으로 좌절된다고 해도 과언이 아닌듯하다.

카롤루스 마르텔루스를 견제하고자 맺어진 네우스트리아 왕과의 정치·군사 연합은 오히려 카롤루스 마르텔루스의 응징을 불러왔고 위협적인 이슬람의 팽창과 긴장을 아키텐 공 외드 1세의 정치적 동반자로 흡수하고자 했던 결혼 동맹은 오히려 이슬람 세력의 반격과 복수를 초래했다. 결국 아키텐 공 외드 1세의 아키텐 공권과 확장과 아키텐 독립은 수포로 끝났다. 알려진 바로는 '735년 아키텐 공 외드 1세가 사망했다'[51]라고는 하나 그가 사망한 장소나 사망 원인 등에 관한 기록은 없다. 프랑크 왕국으로 진격해 온 이슬람 세력을 처음으로 크게 저지시킨 721년 툴루즈 전투의 역사적 의미는 카롤루스 마르텔루스의 732년 투르-푸아티에 전투에게 그 자리를 넘겨주었다. 아키텐의 독립을 끊임없이 과감하게 추진하던 아키텐 공 외드 1세는 결국 카롤루스 마르텔루스에게 굴복했다. 한때는 피피누스 2세와 카롤루스 마르텔루스의 지속적인 관심 대상이었던 아키텐 공국의 독립은 좌절되고 새로운 카롤링 왕가가 개창되었다. 732년 투르-푸아티에 전투의 역사적 의미가 빛을 얻어야 할수록 아키텐 공 외드 1세와 721년 툴루즈 전투의 승리는 과소평가되어야 한

---

51) 《In illis diebus Eudo dux mortuus est.》, Bruno Krusch (ed.), *Chronicarum quae dicuntur Fredegarii scholastici liber IV, Fredegarii et aliorum chronica, Monumenta Germaniae Historiae*, p.175.

다는 사실을 카롤링 시대의 연대기 작가들은 너무나 잘 알고 있었을 것이다. 툴루즈 전투의 역사적 의미와 중요성은 투르-푸아티에 전투에게 밀려 근대 유럽사에서 사라졌다.[52] 아키텐의 용맹스러운 전사이자 현실 상황에 발 빠르게 대처하는 프린켑스였던 아키텐 공 외드 1세의 아키텐 독립의 꿈은 좌절되고 이슬람 세력을 후퇴시킨 궁재 카롤루스 마르텔루스가 프랑크 왕국의 수호자가 되었다.

---

52) Claude Charles Fauriel, *Histoire de la Gaule méridionale sous la domination des conquérants germains*, t.III, p.77.

참고문헌

1. 1차 사료

Dom Bouquet, Martin, ed., *Ex Libro Miraculorum Sancti Austregisili Episc. Bituric., Recueil des Histoirens des Gaules et de la France*, nouv. éd. publ. sous la dir. de M. Léopold Delisle, Poitiers: Henri Oudin, 1869, T.2.

Duchesne, Louis, ed., *Liber pontificalis*, Paris: E. Thorin, 1886-1892, t.1.

Holder-Egger, Oswald, ed., *Miracula Martialis, Monumenta Germaniae Historiae, SS.* XV, Hannover: Impensis Bibliopolii Hahniani, 1887.

Krusch, Bruno, ed., *Chronicarum quae dicuntur Fredegarii scholastici liber IV, Fredegarii et aliorum chronica, Monumenta Germaniae Historiae*, Hannover: Impensis Bibliopolii Hahniani, 1888.

_____, ed., *Historia Wambæ Regis Auctore Iuliano Episcopo Toletano, Monumenta Germaniae Historiae, SS*, Hannover: Impensis Bibliopolii Hahniani, 1910.

Pertz, Georg Heinrich, ed., *Chronicon Moissiacense, Scriptores*, Hannover: Impensis Bibliopolii Aulici Hahniani, 1826.

Societas Aperiendis Fontibus Rerum Germanicarum Medii Aevi, ed., *Liber historiæ Francorum, Monumenta Germaniae Historiae,* Hannover: Impensis Bibliopolii Hahniani, 1888.

Toletani, Roderici, *Rerum Hispanicarum Scriptores aliquot,* Francofurti: Exofficinatypographica Andreae Wecheli, 1579.

Von Simson, Bernhard, ed., *Annales Mettenses Priores, Monumenta Germaniae Historiae,* Hannover: Impensis Bibliopolii Hahniani, 1905.

Waitz, Georg, ed., *Monumenta Germaniae historica, Scriptores rerum Langobardicarum et Italicarum saec.,* Hannover: Impensis Bibliopolii Hahniani, 1878.

2. 논문 및 연구서

서영건, 「이베리아 반도 초기 공의회의 유대관-엘비라 공의회를 중심으로-」, 『역사와 경계』 103호, 2017.

이정민, 「721년 툴루즈 전투와 732년 푸아티에 전투: 프랑크를 수호하다?」, 『통합유럽연구』 제11권 1집, 2020.

Bladé, Jean-François, "Eudes duc d'Aquitaine", *Annales du Midi,* T.4, N°14, 1892.

Dom Chamard, François, *L'Aquitaine sous les derniers mérovingiens au VIIe et au VIIIe Roderici Toletani, Historia arabum,* Paris: Victor Palmé, 1883.

Conde, Joseph, *Histoire de la domination des Arabes et des Maures en Espagne et en Portugal,* Paris: Alexis Eymery, 1825.

Dom Devic, Claude & Dom Vaissette, Joseph, *Histoire générale de Languedoc*, Toulouse: J. B. Paya, 1840, t.II.

Fauriel, Claude Charles, *Histoire de la Gaule méridionale sous la domination des conquérants germains*, Paris: Paulin, 1836, t.III.

Favier, Jean, *Dictionnaire de la France Médiévale*, Paris: Fayard, 1993.

Lebecq, Stéphane, *Les Origines franques Ve-IXe siècle, Nouvelle Histoire de la France Médiévale*, Paris: Seuil, 1990, Vol.1.

Longueval, Jacques, *Histoire de l'église Gallicane*, Paris: Pierre Simon, Imprimeur du Clergé de France, 1732, t.IV.

Perroud, Claude, *Des origines du premier duché d'Aquitaine*, Paris: Hachettes, 1881.

유라시아에서의 민족-언어분규 상황[*]

정경택(경상국립대학교 러시아학과 교수)

I. 서론

1991년 12월 소련의 해체와 더불어 독립한, 러시아연방을 제외한 유라시아[1])의 14개 신생국은 독립 초기부터 토착주도민족(title ethnos)[2])이 모어를 국어로 선언하면서 러시아인을 비롯한 러시아어 사용자들을 공식

---

[*] 본 논문은 러시아어문학연구논집 제64집에 게재한 "포스트소비에트 공간에서의 민족-언어분규 연구"를 현재 상황에 맞게 수정한 것임.

1) 여기서 유라시아는 유럽과 아시아를 통칭하는 의미가 아닌 소련 해체로 인해 나타난, 러시아연방을 포함한 15개 국가를 칭하는 좁은 의미이다.

2) 토착주도민족은 러시아어의 'титульный народ'에 해당하는 것으로 '명목 민족'으로 번역하기도 하지만, 소련 당시 연방공화국과 자치공화국, 자치주, 자치관구의 이름으로 나타나고 이들 행정단위의 주류를 이루는 민족이기에 토착주도민족이라고 부르는 것이 타당하다. 즉 우크라이나소비에트공화국, 리투아니아소비에트공화국, 우즈벡소비에트공화국의 토착주도민족은 각각 우크라이나민족, 리투아니아민족, 우즈벡민족으로 독립 이후 이들이 국정을 주도하고 나라를 대표하고 있다.

적인 활동에서 축출하고 민족 간 의사 소통언어(межнациональный язык, lingua franca)이자 사실상 소련의 국어 기능을 수행해 오던 러시아어의 지위를 축소하고 박탈하거나 단순히 여러 외국어 중의 하나로 강등시키는 등의 민족-언어정책을 시행해 왔다. 그러나 이들 신생국에서의 민족-언어정책은 자국 내의 민족분포, 정치적, 경제적, 지정학적 상황, 그리고 러시아제국 및 소련 합병에 대한 신생 독립국 정부와 토착주도민족의 인식 정도에 따라서 서로 다른 내용과 정도를 보이고 있음은 분명하다.

특히 소련 시기인 1930년대 소련 인민들의 강제 이주와 인위적인 경계 설정으로 인해 모든 연방공화국과 민족공화국으로 러시아인들이 대거 이주하여 해당 공화국의 정치, 경제, 사회, 문화, 교육 등 모든 활동에서 중심적, 지배적인 역할을 담당하게 되었고, 러시아인을 포함한 수십 개의 서로 다른 민족들이 거주하게 되었는데, 이 중에서 일부 소수민족은 자치공화국, 자치 관구, 자치주를 구성하여 일부분 자율권을 부여받기도 했다.3) 그 외 일부 민족은 거주지역이 분할되어 별개의 공화국에

---

3) 1991년 소련 해체 전까지 15개 연방공화국 외에 민족의 자율권 보유 정도에 따라 21개의 자치공화국, 8개의 자치주, 10개의 자치관구가 있었는데, 이도 역시 해당 구역 토착주도민족의 명칭을 자치 조직의 이름으로 사용하고 있었다. 예를 들어 우즈벡소비에트공화국 내에 카라칼팍자치공화국, 그루지야소비에트공화국 내의 남오세티야자치주, 러시아소비에트공화국 내의 튜멘 주(Тюменская область) 내의 한트-만시자치관구에서는 각각 카라칼팍민족, 오세트민족, 한트민족과 만시민족이 토착주도민족이다.

들어가 영토-행정 구역이 달랐지만, 소련 당시에는 민족분규가 뚜렷하게 나타나지 않았다.4)

그러나 소련의 해체로 나타난 각 신생국 모두 토착주도민족 중심의 국가건설과 이들 언어의 국어 규정, 그리고 러시아인을 비롯한 러시아어 사용자들인 소수민족에 대한 차별, 러시아어와 소수 민족어의 지위 상실과 사용영역 축소, 더 나아가 단일 언어사용 사회 형성 등과 관련된 민족-언어분규가 발생하여 거의 모든 나라에서 혼란스러운 상황을 초래했고 이는 현재도 진행형이다. 즉 1991~1994년 캅카스에서의 아르메니아와 아제르바이잔 간에 나고르노-카라바흐 영토를 둘러싼 1차 카라바흐 전쟁과 2020년 9-10월 2차 카라바흐 전쟁, 그리고 2014년 러시아의 크림 합병과 현재까지 계속되는 우크라이나 사태, 2022년 1월의 카자흐스탄의 시위사태와 러시아군 투입 등은 소련 당시 여러 정책의 부정적인 결과임은 분명하다.

여기에서는 러시아연방을 제외한, 유라시아의 각 신생국에서 시행하고 있는 민족-언어정책으로 인한 러시아인을 포함한 러시아어 사용자들에 대한 영향, 러시아어나 소수 민족어의 상황, 이들의 이주 유출, 토착주도민족과 소수민족 간의 분규를 언어 관련 측면에서 살펴보기로 한다.

---

4) 예를 들어 캅카스의 오세트민족은 러시아소비에트공화국의 북오세티야자치공화국과 그루지아소비에트공화국의 남오세티야자치주로 나뉘어 있었는데, 소련 해체 후 이들의 통합 문제로 인해 조지아(그루지야가 독립한 이후 국명을 개명)와 남오세티야(러시아연방이 지원) 간의 전쟁이 발발했다.

다만 개별적인 신생국들의 민족-언어정책과 그 결과의 세세한 내용을 다루기보다는 지역별로 나누어 언어정책으로 인한 민족분규와 러시아인, 러시아어가 받은 영향 들을 위주로 전체적인 조망을 하는 데 그 의미를 부여한다.

II. 본론

1. 유라시아에서의 탈 러시아와 탈 러시아어 정책

다음의 〈표 1〉과 같이, 1989년 소련의 마지막 인구통계를 보면 러시아를 제외한 나머지 14개 연방공화국에는 약 2,500만 명의 러시아인들이 거주하고 있었다. 소련 해체 과정에서 신생국의 토착주도민족은 독립을 즈음하여 자신들 중심의 국가건설을 추진하기 시작했고 고유 민족정체성 부활을 위해 이의 중요한 상징 중 하나인 모어를 헌법, 국어법(또는 언어법)에서 국어로 규정하고, 소련 당시 사실상 민족 간 의사소통어이자 제1 공용어 역할을 한 러시아어의 지위 격하나 박탈, 그 기능 축소, 사용 제한 정책을 펴나갔다. 그 결과 모든 신생국에서 러시아어의 사용자들이 국외로 이주하여 사용자 수가 줄어들었고 그 기능도 소련 당시에 비해 심하게 축소되었다.

국가	러시아인 수(천 명)	비율
러시아	119,866	81.5
아제르바이잔	392	5.6
아르메니아	52	1.6
그루지야[6]	341	6.3
우크라이나	11,356	22.1
벨라루스	1,342	13.2
몰다비아	562	13.0
라트비아	906	34.0
리투아니아	344	9.4
에스토니아	475	30.0
우즈벡	1,653	8.3
카자흐	6,228	37.8
키르기스	917	24.5
타지크	388	7.6
투르크멘	334	9.5
총계	145,156	50.8

특히 티쉬코바(B.A.Тишкова)가 이를 잘 분석하고 있는데, 이를 바탕으로 만든 〈표 2〉를 보면 러시아어의 상황을 일목요연하게 알 수 있다

---

5) Колосов, В.А. Геополитическое положение России: представления и реальность. Москва: Арт-Курьер, 2000. 148-149.

6) 그루지야는 러시아와의 전쟁 패배로 2008년 국명을 러시아식 명칭인 그루지야에서 조지아로 바꾸었고, 지금도 탈 러시아화를 강력하게 추진하고 있다.

(В.А.Тишкова 2008: 416-417).

〈표 2〉 14개 신생국의 러시아어 지위와 화자 수(백만 명), 모어 인정 비율(%) (2004년)[7]

국가	지위	인구	모어 인정 인구와 비율	적극 구사자 수와 비율	모어 비구사자 수와 비율
아제르바이잔	외국어	8.2	0.25 3.0%	2.0 24.3%	2.7 32.9%
아르메니아	외국어	3.2	0.015 0.4%	1.0 31.2%	1.0 31.2%
조지아	외국어	4.5	0.13 2.8%	1.7 37.0%	1.8 40.0%
우크라이나	소수 민족어	48.0	14.4 30.0%	29.0 60.4%	8.0 16.6%
벨라루스	국어	10.2	3.2 31.3%	8.0 78.4%	0.2 1.96%
몰도바	민족 간 의사소통어	3.4	0.45 13.2%	1.9 55.8%	0.5 14.7%
라트비아	외국어	2.3	0.96 41.7%	1.3 56.5%	0.3 13.0%
리투아니아	외국어	3.4	0.25 7.3%	0.5 14.7%	0.5 14.7%
에스토니아	외국어	1.3	0.47 36.1%	0.5 38.4%	0.3 23.0%
우즈베키스탄	민족 간 의사소통어	25.0	1.2 4.8%	5.0 20%	10.0 40%
카자흐스탄	공식어	15.1	4.2 27.8%	10.0 66.2%	2.8 18.5%

---

7) 이 통계는 2004년 수치로서 15년이 지난 현재와 다소 다를 수 있지만, 연구자가 볼 때, 다른 통계와 비교하여 상대적으로 가장 정확하고 일목요연하다. 즉 신생국에서 자체적으로 발표하는 통계는 민족-언어정책에 따라 의도적이고 인위적일 수 있고 러시아 측의 통계도 자신들에 유리한 것일 수 있기 때문이다.

키르기스스탄	공식어	5.0	0.6 12.0%	1.5 30.0%	1.5 30.0%
타지키스탄	민족 간 의사소통어	6.3	0.09 1.4%	1.0 15.8%	3.3 52.3%
투르크메니스탄	민족 간 의사소통어 (외국어)	4.8	0.15 3.1%	0.1 2.0%	3.8 79.1%
총계		140.7	26.4	63.6	37.7

이와 같은 러시아어 지위 규정의 변화, 러시아어 구사자 수와 비율을 보면, 신생국의 민족-언어정책이 러시아어 사용자들에게도 많은 영향을 주어 아래에서 살펴 보듯이 소련 시기 러시아어를 공용어로 사용했던 많은 소수민족에게 위협이나 토착주도민족 동화에 대한 공포심을 심어 민족-언어분규를 발생시켰거나 그 가능성을 주었음을 알 수 있다.8)

이를 나라 별로 자세히 살펴보기로 하자.

---

8) 소련 창건 초기 레닌은 러시아어 소련 내 130여 개 민족의 언어를 인정하고 자유로운 사용을 보장했지만, 스탈린 통치 시기부터 소련 해체 전까지 러시아를 모든 민족학교에서 교육하고 국정 및 사회 전반에서 유일한 링구아 프랑카로 만들었기 때문에 나머지 민족어들의 발전과 그 사용이 제약받은 것은 분명한 사실이다. 이와 같은 소련의 언어정책은 정경택(2017: 150-153)을 볼 것.

2. 나라별 민족-언어분규 상황

2.1 몰도바

우크라이나와 루마니아에 둘러싸인 몰도바공화국(Республика Молдова, Republica Moldova)은 소련의 해체 바로 전인 1991년 8월 27일에 독립한 신생국으로서, 소련 당시 유일하게 로망스어 그룹의 언어를 사용하는 몰도바인들의 국가로 이들의 모어인 몰도바어는 실제로 루마니아어로서 이를 둘러싼 문제로 인해 민족-언어분규가 발생했고 이의 결과는 결국 드네스트르 강 동쪽 지역의 분열로 나타났다.

동북쪽으로 우크라이나, 남서쪽으로 루마니아와 접경하고 있는 몰도바는 소련 당시 15개 연방공화국 중에서 두 번째로 작은 면적에 인구는 7번째로 적은 공화국[9]이었고 다른 14개 공화국들과 마찬가지로 다민족, 다문화, 다언어 국가로서 토착주도민족인 몰도바인들이 압도적 다수를 차지하지만, 우크라이나인과 러시아인, 그리고 가가우즈인[10), 루마니아인, 불가리아인 등이 거주하고 있었다.

---

9) 소련 해체로 독립한 신생국 중 아르메니아가 29,743㎢로 면적이 가장 작았고 몰도바는 이보다 조금 큰 33,846㎢이었다. 그러나 1989년 소련의 마지막 인구센서스 당시 4,338,000명으로 상대적으로 많았다(키르기스공화국 4,291,000명, 리투아니아 3,690,000명, 투르크멘공화국 3,534,000명, 아르메니아 3,283,000명, 라트비아 2,681,000명, 에스토니아 1,573,000명).
10) 몰도바에 거주하는 튀르크계 민족으로 인구는 약 25만 명이다. 가가우즈인들은 이슬람에서 개종한 정교도로서 현재 가가우지야 자치체를 가지고 있다.

〈그림 1〉 몰도바와 프리드네스트로볘, 가가우지야 자치체

현재 몰도바는 프리드네스트로볘 지역, 즉 프리드네스트르 공화국이 사실상 독립국으로 분리되어 존재하고, 가가우지야 자치체도, 비록 몰도바 정부의 통제 속에 있지만, 2014년 러시아의 크림 합병에 자극받아 분리를 주장하고 있어 민족-언어분규가 현재도 진행 중이다.

1980년대 말-1990년대 초 몰도바의 민족주의 세력 "인민전선"의 활동으로 인해 민족-언어분규 가능성이 잠재되어있었다가 독립을 즈음하여 표면화되었다. 바로 민족-언어 분규는 언어 관련 입법에 주로 기인한 것으로, 독립 이전 1989년 2월에 몰도바 최고소비에트가 제정한 언어법에서 몰도바어를 국어로 정하고 몰도바어를 루마니아어와 같은 언어임을 인정했으며 러시아-키릴문자 기반의 표기체를 라틴문자로 바꾸고자 했다.11) 그러자 드네스트르 강 좌안의 프리드네스트로베 주민들과 러시아어 사용자들 이를 인정하지 않았고, 1990년 9월 프리드네스트르 소비에트공화국을 창건하여 사실상의 독립국이 되었다.12)

이 프리드네스트르 공화국은 1992년 9월 언어법을 채택했는데, 이 법에서 몰도바어, 러시아어, 우크라이나어의 평등한 발전과 보전을 보장하고 있지만, 러시아어에 민족 간 의사소통어와 독립국가연합 내 유일한 공식어의 기능을 부여하는 내용이 있음을 볼 때, 러시아어를 가장 중요하게 여기고 있음을 알 수 있다.13)

1994년 7월 29일 채택한 몰도바공화국 헌법에서의 언어 관련 조항

---

11) 이 언어법의 원래 명칭은 '몰다비아소비에트공화국 제 언어 기능화 법'으로 전문과 각 조에서 몰도바어와 루마니아어는 같은 언어이고 라틴문자로 표기되는 몰도바어에 국어의 지위를 부여하고 가가우즈어를 보전, 발전시키고 러시아어는 민족 간 의사소통어로 간주한다는 것을 내용으로 한다. 이후 2013년 12월 공화국 헌법재판소에서는 1991년 8월 27일 독립선언서의 라틴표기 몰도바어를 국어로 정한다는 것을 합헌으로 판시했다. 정경택(2014) 몰도바의 언어문제와 민족분규, 슬라브어 연구 제19권 2호, 한국슬라브어학회. 176.

12) 이 프리드네스트로베는 트란스니스트리아(Transnistria), 트란스-드네스트르(Trans-Dnestr), 트란스드네스트리아(Transdnestria), 니스트레아나(Nistreană) 등 다양한 명칭을 가지며, 이의 면적은 4,163㎢, 인구는 505,153명이다(2014년 현재몰도바 면적 33,843㎢의 12.3%, 몰도바 총인구의 14.1%를 차지). 현재 국제적으로 공인받지 못하는 사실상의 독립국 프리드네스트르몰다비아공화국(Приднестровская Молдавская Республика, ПМР)이 있다. 2004년 당시 이 지역에는 몰도바인 177,000명(31.9%), 러시아인 168,000명(30.3%), 우크라이나인 160,000명(28.7%) 등이 분포한다. Ibid., p.83.

13) 총칙과 7장 46조로 구성된 이 언어법에서 3개 언어의 동동한 지위와 기능을 자세히 규정하고 있다. Закон о языках в Приднестровской Молдавской республике. http://zakon-pmr.com/DetailDoc.aspx?document=36286. (검색일: 2017.09.11.)

은 라틴표기의 몰도바어를 국어로 규정하면서 국내에서 사용하는 러시아어와 여타 언어들을 보전하고 발전시키고 사용 권리를 인정하고 보장한다는 내용을 가지고 있다. 그렇지만 몰도바어 외의 언어는 언어법을 비롯한 하위 법률로 제한 받을 위험성이 있고 과거 러시아어가 가졌던 민족 간 의사소통어라는 지위도 기술하지 않고 있는데, 전체적으로 볼 때, 러시아어는 여러 외국어 중의 하나일 뿐이다.[14]

이에 반해 1995년 12월 24일 채택한 프리드네스트르공화국의 헌법의 언어 관련 조항은 몰도바공화국의 헌법과 비교하여 훨씬 간단히 기술되어있는데, 몰도바어, 러시아어, 우크라이나어에 균등하게 공식어의 지위를 부여하고 있다.[15]

이후 2006년 프리드네스트르공화국은 러시아연방으로의 합병 여부를 묻는 국민투표를 시행하여 97.2%의 찬성을 얻었다.[16] 이 투표에는

---

14) Статья 13. (1) Государственным языком Республики Молдова является молдавский язык, функционирующий на основе латинской графики. (2) Государство признает и охраняет право на сохранение, развитие и функционирование русского языка и других языков, используемых на территории страны. Конституция Республики Молдова. http://lex.justice.md/ru/311496/. (검색일: 2018.09.01.)

15) Статья 12. Статус официального языка на равных началах придается молдавскому, русскому и украинскому языкам. Конституция ПМР. http://zakon-pmr.com/DetailDoc.aspx?document=62295. (검색일: 2018.08.02.)

16) 몰도바 정부와 유럽안보협력기구, 유럽연합을 포함한 거의 모든 서방의 국제기구들은 국민투표 시행 전에 이미 불법적이고 비민주적이라고 간주했다.

전체 유권자 389,000명 가운데 306,000명(78.6%)이 투표에 참여했는데 투표 참여자들은 대부분 러시아어 사용자들이었다. 이때 압도적인 다수가 러시아연방과의 통합에 찬성했고 통합 반대는 2.3%, 독립 반대와 몰도바편입 찬성은 3.4%뿐이었다.

2014년 3월 18일 우크라이나에 속한 크림반도가 러시아연방에 합병되자 프리드네스트르공화국의 친 러시아 토부흐(B. Тобух) 의원 일파가 프리드네스트르공화국을 인정하고 러시아연방에 합병시켜 줄 것을 러시아연방 푸틴 대통령에게 청원했는데, 이는 2006년 국민투표 결과를 다시 한번 확인한 것으로 러시아의 크림 합병과정을 따라야 한다는 것이었다.[17]

그러나 또 다른 소수민족인 가가우즈인들은 이와 같은 민족-언어분규를 겪은 프리드네스트로볘 주민들과는 달리 민족-언어문제를 평화롭게 해결했다. 가가우즈인들은 현재의 몰도바 지역인 베사라비아가 러시아제국에 합병되는 과정에서 발칸반도로부터 이주해 와 몰도바 남부에 거주하기 시작했는데, 원주지였던 발칸반도가 오스만튀르크 제국이 약화하여 치안이 불안하여지자 상대적으로 생활이 안정된 베사라비아로 들어온 것으로 보인다. 이들은 투르크계 민족이지만 대부분 무슬림이 아

---

17) "Приднестровье – это Россия": приднестровский депутат обратился к Путину за признанием ПМР. http://www.regnum.ru/news/polit/1782152.html. (검색일: 2018.10.21.)

니라 동방 정교도이다.

소련의 해체 직전 1989년 이미 가가우즈인들은 몰도바에서 독립하거나 소련의 한 연방공화국으로 승격하여 남기를 희망하였고, 가가우지야 공화국을 창건했지만, 국제적으로 인정받지 못했다. 마침내 1994년 12월 가가우즈인들은 몰도바 정부가 자신들이 밀집해 거주하는 지역에 자치권을 부여하는 '가가우지야 특별지위법'을 제시하자 이를 받아들이면서 '자치영토조직 가가우즈-예리'[18]라는 몰도바 내 특별자치지역이라는 지위를 얻었다.[19]

그러나 가가우지야 특별자치지역 정부는 몰도바 정부가 추진한 루마니아와의 통합 정책에 반발했고 크림 사태에 자극받아 2014년 2월 2일 국민투표를 시행했는데, 여기서 투표 참여자 98%는 몰도바가 루마니아와 통합하면 몰도바에서 탈퇴하는 데 찬성했다(정경택 2015: 304).

이는 가가우지야가 러시아어 사용지역으로서, 몰도바 민족과 몰도바어가 루마니아 민족과 루마니아어와 같다는 것, 차후 몰도바가 루마니아에 통합하리라는 것을 절대로 용인하지 않겠다는 가가우즈인들의 의지를 드러낸 것이었다.

---

18) 'Гагауз-Ери'는 가가우즈인들의 땅을 의미한다.

19) 이들은 프리드네스트로볘 주민들처럼 몰도바 정부가 채택한 언어법에 불만을 품었고, 이에 위협을 느껴 분리, 독립운동을 일으킨 것이다. 그러나 1994년 몰도바 정부가 공산정권으로 교체되자 가가우즈인들은 독립 요구를 철회하고 몰도바 정부가 제시한 자치권을 받아들였다.

가가우즈인들의 모어는 가가우즈어지만 사회-공공활동에서는 대부분 러시아어를 사용한다. 가가우즈인들은 몰도바 총인구의 3.5%를 차지하고 있지만 대부분이 가가우즈-예리에 밀집하여 거주하고 있어 프리드네스트로볘에 이어 중앙정부와의 불화가 발생한다면 언제든지 분리를 주장할 수 있는, 몰도바에서 또 하나의 민족-언어분규가 언제든지 나타날 수 있는 지역이다.

2.2. 발트 지역

발트해 연안을 일컫는 러시아어 명칭 프리발티카(Прибалтика)에는 러시아연방의 고립영토인 칼리닌그라드 주와 발트 3국, 즉 리투아니아, 라트비아, 에스토니아가 있다.

러시아인은 이들 3국에서 소수민족으로 전락하고 러시아어의 지위도 사라졌고 그 사용영역도 축소되었다. 즉 이들 3개국에서는 헌법과 국어법을 통해 토착주도민족어에만 국어 지위를 부여했고 러시아어에 대한 언급 없이 외국어 중의 하나로서만 간주한다.[20] 이에 국정과 사회 전반

---

20) 1992년의 리투아니아 헌법 14조, 2007년 개정된 라트비아 헌법 4조, 그리고 1992년의 에스토니아 헌법 6조에서 리투아니아어, 라트비아어, 에스토니아어를 국어로 규정하고 있다. 또한 1995년의 리투아니아 국어법 2조, 1999년 라트비아 국어법 3조 1항, 1995년 에스토니아 국어법 1조 1항에서 각각 토착주도민족어를 국어로 규정하고 있는데, 러시아어에 대한 언급은 전혀 없다(정경택 2014: 196-202).

에서 언어를 통해 소외와 차별대우를 당했다고 느끼는 러시아인들과 그 외 소수민족 출신 러시아어 사용자들이 러시아어에 공식적인 지위나 제2 국어 지위를 부여할 것을 요구하고 있다.

〈그림 2〉 프리발티카

예를 들어, 러시아어를 모어로 간주하는 인구가 약 100만 명(총인구의 41.7%)과 러시아어를 적극적으로 구사하는 인구가 130만 명(총인구의 56.5%)에 달하는 라트비아에서는 2012년 2월 18일 러시아어의 제2 국어 지위 부여를 묻는 국민투표를 시행하기도 했다.[21] 그렇지만 리투

---

21) 그러나 이 투표는 성공하지 못했는데, 찬성률이 낮았기 때문이다. 즉 찬성 24.88%, 반대 74.8%로 집계되었는데, 이렇게 찬성이 낮은 이유는 러시아인의 60%, 벨라루스인의 80%, 우크라이나

아니아의 경우에는 러시아인의 수가 많지 않고 정치, 사회 세력이 크지 않아 상대적으로 유연한 리투아니아 동화정책으로 인해 러시아어 사용자들의 불만이 가시적으로 표출되고 있지는 않다. 또한 에스토니아에서도, 비록 러시아어를 모어로 인정하는 인구가 47만 명(총인구의 36.1%)에 달하고 러시아어를 적극적으로 구사하는 사람도 50만 명(38.4%)에 이르지만, 러시아어 사용자들의 이익을 대변하는 단체나 정치적 대표자를 갖지 못해 자신들의 불만을 적극적으로 드러내지는 못하고 있다.

또한, 이들 3국은 법적인 지위 규정 외에 교육시스템에서도 러시아어 역할을 축소, 배제하는 국가 정책을 취하고 있다. 즉, 라트비아에서는 독립 이후 약 20년 간 러시아어로 교육받는 학생 수가 약 60% 줄어들었고 리투아니아와 에스토니아에서도 최근 10년 간 약 44%나 줄었다. 세 나라 모두 러시아어 학교의 교사의 양성과 러시아어·문학 교과목의 개발이 중지되었고 러시아어 학교는 그 존재가 부정되고 교육과정에서도 러시아는 비우호적 국가, 심지어는 적대적인 국가로 표현되고 있다(정경택 2014: 213).

또한 이들 3국은 모두 90년대 전후로 국적법을 채택하여 러시아인을 비롯한 러시아어 사용자를 토착주도민족에 동화시키거나 국외 이주 유출을 꾀함으로써 러시아인의 존재를 부정하고 궁극적으로는 사회 전반

인의 90%가 무국적 상태로서 투표에 참여할 수 없었기 때문이다.

에서 러시아어의 사용을 완전히 배제하려 한다.[22] 예를 들어, 다른 두 나라에 비해 러시아인의 수와 비율이 낮은 리투아니아는 독립선언 당시 국내에 거주하던 모든 사람에게 자동으로 국적을 부여했지만, 라트비아와 에스토니아는 출신 민족과 거주기간에 따라 국적취득을 제한했고 국어시험 통과가 필수인 귀화를 강요하였기에 다수의 무국적자를 양산하여 이들의 정치 활동과 참여를 불가능하게 만들었고 사회활동에 제약을 가했다. 이에 따라 라트비아의 러시아어 사용자의 1/3 이상인 약 34만 명(2010년 초 당시 총인구의 15.3%)이 무국적자로서 선거권이 전혀 없고 에스토니아의 러시아계 무국적자들도 지역 자치조직에 대한 투표권 외에는 중앙 정치 선거에 참여할 권리를 박탈당해 자신의 이익을 주장하지 못하고 있다.[23]

---

22) 라트비아와 에스토니아, 리투아니아는 각각 1994년, 1992년, 1989년에 국적법을 채택했는데, 모두 1940년 소련 합병 이전에 취득한 국적만을 합법적인 것으로 인정하고 소련의 국적을 부정하여, 엄격한 심사(국어시험 통과 등)를 거쳐야만 국적을 취득할 수 있게 만들었다.

23) 에스토니아에서는 1992년 2월 국적법 시행으로 47만 명의 러시아인 중에서 12만 명만이 국적을 취득할 수 있었고 2000년 러시아인을 비롯한 소수민족 중 국적자는 40%밖에 되지 않았다.

2.3. 남캅카스[24]

캅카스는 러시아연방에 속한 북캅카스와 아르메니아, 조지아, 아제르바이잔 3개국의 남캅카스로 구분한다.

〈그림 3〉 캅카스

남캅카스 3국은 각각 오래전부터 인도유럽어족의 아르메니아어, 캅

---

24) 러시아에서는 캅카스(Кавказ)의 북캅카스와 남캅카스를 자신들의 거리에 기준을 두어 각각 프레트캅카지예(Предкавказье, 영어 명칭 Ciscaucasia), 자캅카지예(Закавказье, 영어 명칭 Transcaucasia)로 부른다. 러시아 영토인 북캅카스에는 스타브로폴 주 일부, 칼미크공화국 일부, 크라스노다르 크라이, 카라차이-체르케시야, 카바르다-발카리야, 북오세티야-알라니야, 인구쉐티야, 체츠냐, 다게스탄공화국이 속한다.

카스 지역의 고유어인 카르트벨 어족의 조지아어, 그리고 알타이어족의 터키어와 유사한 아제리어를 사용하는, 세 토착주도민족이 주류를 형성하였고 독립 이후 나름의 언어정책을 시행하고 있다. 3국 정부가 모두 독립 초기에 강력한 국어 지위 확립과 사용 확대, 그리고 러시아어의 지위 격하와 사용영역 축소, 배제 정책을 시행한 것은 공통적이다.

그러나 이들 3국은 여러 민족적, 언어적, 지정학적 원인에 의거, 다음과 같은 차이를 나타냄을 볼 수 있다.

먼저 아르메니아는 소련 시기에도 러시아인들이 가장 적었고[25] 독립 초기 아르메니아 민족 중심 국가의 창건 이념을 내세워 러시아인과 문화 그리고 러시아어 배제 정책을 강력하게 폈다. 그렇지만 아제르바이잔과의 나고르노-카라바흐 사태[26]가 발발하고 러시아연방이 자신들을 지지

---

[25] 1989년 인구센서스에서 확인된 러시아인의 수는 52,000명(총인구의 1.6%)이었다.

[26] 나고르노-카라바흐 사태는 아제르바이잔공화국의 영토 안에 있는 나고르노-카라바흐 자치주 주민의 대다수를 차지하는 아르메니아인들이 1988년 아르메니아로의 합병을 아제르바이잔과 아르메니아, 그리고 소련 중앙정부에 청원했지만 이를 소련 정부가 이를 거부하여 민족분규가 잠재되었고 소련의 해체 즈음인 1991년 마침내 무장 분규가 발발하게 된 것을 말한다. 당시 나고르노-카라바흐 자치주 정부가 1991년 12월 10일 국민투표를 시행하여 완전한 독립권을 얻으려 했지만, 기존의 통치권을 유지하려는 아제르바이잔 정부의 탄압으로 실패하자 동포 다수가 거주하는 이 지역을 아르메니아 군대가 지원하기 위해 아제르바이잔 영토를 점령하는 군사행동을 벌인 것이다. 이 분규로 1994년까지 아르메니아 군대가 아제르바이잔 영토의 20%를 점령하고 877개 거주지를 파괴, 약탈하여 사망자 1,800여 명, 부상자 5만 명 이상에 달했다. 이 나고르노-카라바흐 전쟁 결과로 이 지역 및 아르메니아에 거주하던 거의 모든 아제르바이잔인이 아제르바이잔으로 귀환했고 아제르바이잔에 살던 35만 명의 아르메니아인 중에서 20여만 명이 고국인 아르메니아로 영구

한 것, 그리고 지정학적 위치에서 비롯하는 필연적인 대러시아 의존도에 따라서 친 러시아 정책으로 전환했다. 이에 따라 1999년 9월 제정한 '공화국 교육체계와 문화-사회활동에서의 러시아어'(Государственная концепция "Русский язык в системе образования и культурно-общественной жизни PA")라는 국가개념을 시행하여 학교에서 러시아어 의무 교육과 심화 교육을 시행하고 있다.27) 또한 다수의 아르메니아인이 러시아연방에서 노동자로서 이주해있고 이슬람 국가인 터키로부터의 오랫동안의 탄압, 러시아인들과 같은 정교회를 신봉한다는 이유를 내세우고 있다.

아제르바이잔은 독립 초기 러시아인과 러시아어에 대해 상대적으로 유연한 태도를 보였지만, 점진적으로 러시아인과 러시아어 배제로 바뀌었다. 이는 또한 나고르노-카라바흐 사태에 대한 러시아연방의 친 아르메니아 정책에 대한 반발이자 친 서방 지향 정책의 결과이다. 또한 키릴문자 기반의 표기체를 사용하던 소련 연방공화국 중에서 가장 먼저 라틴

귀국했다. 양국에도 정착하지 못한 35,000명의 난민 대부분의 모어는 러시아어이다. 그러나 2020년 9월~10월 양국 간의 분규가 다시 개시되어 전쟁(2차 카라바흐 전쟁)으로 비화했는데, 이 전쟁의 결과 아제르바이잔은 아르메니아에서 빼앗겼던 영토를 상당 부분 회복하게 되었다.

27) 이 개념에서는 당시 공화국 발전 상황에서 러시아어의 교육이 여러 다른 민족들의 문화적 가치의 교류뿐 아니라 민족 자신들의 문화적 가치를 보다 심도 있게 이해할 수 있게 한다는 것을 상세히 밝히고 있다. Armenia. U.S. English Foundation Research. http://www.usefoundation.org/view/681. (검색일: 2017.12.01)

표기로 교체하여 러시아어 사용자들의 국내 거주와 활동을 불편하게 만들었다.28) 그러나 이런 정책에도 불구하고 국민의 50~70%가 러시아어를 알고 구사할 수 있으며 다른 나라들과 비교하여 러시아어 TV, 라디오 방송, 신문도 그 수가 많다. 또한 2002년 현재 약 216만 명의 아제르바이잔인들이 러시아연방에 거주하고 있어 아제르바이잔인들의 25~30%가 러시아어를 적극적으로 구사한다고 볼 수 있다.

마지막으로 조지아는 단일민족국가 창건을 목표로 독립 초기부터 조지아어 단일 국어사용 정책 등을 내세워 러시아인을 비롯한 소수민족과 이들의 언어를 탄압하기 시작했다. 이들 소수민족은 소련 시기 동안 민족 간 의사소통 수단으로서 러시아어를 사용했지만, 조지아어를 잘 구사하지는 못하고 모어와 러시아어의 이중언어 사용자가 되었기 때문에 조지아 민족 중심, 조지아어의 국어 규정에 대해 반발할 수밖에 없었다. 이 대표적인 민족분규가 바로 2008년의 압하지야와 남오세티아에서의 전쟁이다. 현재 이 두 지역은 사실상의 독립국이 되었고 이들 지역에서는 러시아어가 국어 또는 사실상의 공식어이다.

먼저 압하지야 공화국의 국어는 캅카스 어족의 하나인 압하스어이지

---

28) 아제르바이잔은 소련에서 최초로 1924년 라틴문자를 채택하였지만, 소련 당국에 의해 1939년 키릴문자로 전환했는데, 독립 초기인 1991년 12월 25일 라틴문자 부활법을 채택했다. 이는 소련 최초의 라틴문자 부활이었는데, 이는 탈 소비에트, 탈 러시아 그리고 민족정체성의 부활을 의미한 상징적인 조치 중의 하나였다.

만 러시아어도 국가, 사회기관들의 언어, 즉 공용어로 인정받고 있다.[29)]

남오세티아공화국은 러시아연방의 북오세티아-알라니야공화국과 민족, 언어가 같다. 이에 따라 남오세티아는 북오세티아-알라니야와 통합을 주장하고 실제로 2006년 11월 12일 국민투표를 통해 이를 압도적으로 찬성, 확인했다. 남오세티아에서는 오세트어와 러시아어가 국어의 지위를 가지고 있고 모든 교육기관에서 러시아어로 교육하고 있다.[30)]

캅카스 지역은 비교적 작은 면적(약 40만 ㎢)에 3개 어족(캅카스어족, 인도유럽어족, 알타이어족), 40개 이상의 언어사용 공동체[31)]가 있는 곳으로, 소련시기 동안 러시아인들의 유입은 작았지만 민족 간 의사소통어로서의 러시아어의 지위와 사용은 견고했다. 3개국이 독립 이후에 언어

---

29) 2011년 현재 압하지야 공화국의 인구는 240,705명으로, 이 중에서 압하스인 50.7%, 조지아인 19.2%, 러시아인 9.1%를 차지한다. 조지아의 민족분규에 대해서는 정경택(2016: 133-152)에 자세히 나와 있다.

30) 2011년 11월 13일 국민투표를 통해 압도적 찬성(8.99%)으로 러시아어에 국어 지위를 부여했다. 남오세티아의 교육체계는 러시아연방 교육체계와 밀접하게 결합하여 있어 남오세티아국립대학은 북오세티아국립대학의 분교이고 학생들은 학업을 위해, 교원들은 자격취득을 위해 북오세티아로 향하고 있다. 정경택(2016) 캅카스 지역의 민족-언어상황 고찰(남오세티야와 북오세티야의 언어정책을 중심으로), 슬라브어 연구 제21권 2호, 한국슬라브어학회, 143.

31) 캅카스 지역에는 압하스-아드그어, 카르트벨어, 나흐-다게스탄어가 캅카스어족에 속하고, 인도유럽어족의 언어로는 아르메니아어, 이란어(오세트어, 탈르쉬어, 타트어, 쿠르드어), 그리스어, 슬라브어(러시아어, 우크라이나어)가 있으며, 알타이어족의 언어로 투르크제어(터키어, 아제르바이잔어, 트루흐멘어, 카라차이-발타르어, 쿠무크어, 노가이어), 몽골어파인 칼므크어가 있는데, 캅카스어족의 나흐-다게스탄어 안에도 수십 개의 하위 언어들이 있다.

정책에서의 변화를 보이고 서로 다른 상황을 맞이하고 러시아어의 상황도 다른 것은 바로 이런 언어학적, 지정학적 원인에 기인하는 것이다. 또한, 발트지역과 비교해보면, 발트 3국이 정도의 차이는 있지만 모두 러시아인과 러시아어의 배제를 추진하고 이의 성과도 상당하지만, 캅카스 3국은 자국의 여러 상황에 따라 러시아어와 소수민족어에 대해 서로 상이한 언어정책을 취하고 있고 결과도 많이 다르다.

2.4. 중앙아시아(우즈베키스탄과 카자흐스탄을 중심으로)

최대 130개 민족으로 구성된 다민족 국가인 우즈베키스탄은 인구 약 3천 만 명 중에서 약 80%가 우즈벡민족이다.

1997년 교육법에 의해 소수민족은 국어와 모어로 교육받을 권리를 가진다. 이에 따라 우즈베키스탄에서는 민족-언어분규가 뚜렷하게 보이지는 않으나 발생 가능성은 존재한다.

소수민족 중에서 가장 수가 많은 민족출신이 타지크민족(주로 수니 무슬림)으로 150만 명 이상(4.8% 이상)에 달한다.[32]

---

32) 우즈베키스탄은 독립 이후 공식적인 인구센서스를 실시하지 않아 정확한 인구와 민족분포를 파악할 수는 없지만 타지크인들은 자신들이 200만 명에 달한다고 주장한다.

〈표 3〉 우즈베키스탄의 민족 인구와 비율의 변화

민족	1989년		2017년	
	천명	비율(%)	천명	비율(%)
우즈벡인	14,142,5	71.39	26,917,7	83.80
타지크인	933,6	4.71	1,544,7	4.81
카자흐인	808,2	4.08	803,4	2.50
러시아인	1,653,5	8.35	750,0	2.33
카라칼팍인	411,9	2.08	708,8	2.21
키르기스인	174,9	0.88	274,4	0.85
타타르인	467,8	2.36	195,0	0.61
투르크멘인	121,6	0.61	192,0	0.60
고려인	183,1	0.92	176,9	0.55
우크라이나인	153,2	0.77	70,7	0.22
그 외	759,8	3.84	486,9	1.52
전체	19,810,1	100.00	32,120,5	100.00

타지크 민족은 우즈벡인들과의 혼인으로 인해 우즈벡어와 타지크어의 이중언어 사용자들이 많다. 특히 부하라와 사마르칸트에 많은 타지크인이 거주하고 있는데, 이들이 이렇게 이중언어사용자가 된 것은 우즈벡인들과 함께한 수백 년간의 삶과 페르시아문화의 영향을 받은 것에 기인한다. 또한 러시아어를 모어로 삼는 3중언어사용자들도 적지 않다. 1998-2001년 사이에 타지크어로 인쇄된 서적이 대부분 폐간되었는데, 1993년 이전에 발행되고 국가이념에 맞지 않은 교과서는 사용할 수 없다는 정부 결정에 따른 것이다.(Барбара Келльнер-Хайнкеле,

Якоб М. Ландау 2015: 90).

우즈베키스탄에 거주하는 카자흐인들은 약 90만 명에 달한다.[33] 이들의 대다수(약 93%)는 카라칼팍스탄, 타쉬켄트, 부하라, 스르다리야 주에 밀집해 거주하고 있다.

키르기스인의 경우, 1989년 당시 174,907명(0.88%)이었지만, 2017년에는 약 274,000명(0.83%)으로 추정되어, 인구는 늘었고 분포비율은 거의 변하지 않았다.[34] 특히 우즈베키스탄에 거주하는 키르기스인의 인구와 이들의 활동은 정확하게 파악되지 않는데, 이는 1990년과 2010년 키르키지야의 우즈베키스탄과의 접경 지역인 페르가나(Фергана)계곡의 오쉬(Ош)지역[35]과 잘랄-아바트(Джалал-Абад)지역[36]에서 키르

---

33) 2017년 추정에 따르면 카자흐인의 수는 약 80만 명(2.5%) 정도이다.

34) 그러나 2013년 국립통계청의 자료에 따르면 42만 2천 명(1.4%)으로 큰 차이를 보이고 있다. В 2020 году уточнят численность этнических кыргызов в Узбекистане. http://asiatv. kg/2017/12/15/%D0%B2-2020-%D0%B3%D0%BE%D0%B4%D1%83-%D1%83 %D1%82%D0%BE%D1%87%D0%BD%D1%8F%D1%82-%D1%87%D0%B8%D1 %81%D0%BB%D0%B5%D0%BD%D0%BD%D0%BE%D1%81%D1%82%D1%8C- %D1%8D%D1%82%D0%BD%D0%B8%D1%87%D0%B5%D1%81%D0%BA/. (검색일: 2017.04.03)

35) 2009년 당시 오쉬 주의 전체 인구 1,104,248명 중에서 키르기스인 758,036명(68.65%), 우즈벡인 308,688명(27.95%)의 분포를 보였지만, 이곳의 주도인 오쉬(Ош)시 경우는 분포비율이 달라 전체 인구 232,816명 중 우즈벡인 112,469명(48.31%), 키르기스인 100,218명(43.05%)으로 우즈벡인이 다수인 도시였다.

36) 2009년 당시 잘랄-아바트 주의 전체 인구 1,009,889명 중에서 키르기스인725,321명(71.82%), 우즈벡인 250,748명(24.83%)의 분포를 보였고, 잘랄-아바트 시의 경우 89,004명

기스인과 우즈벡인들이 충돌한 민족분규에 대한 우즈베키스탄 정부의 대 키르기스인 적대와 탄압에 기인한 것이 분명하다.

1937년 극동에서 강제 이주한, 우리 민족 고려인들은 우즈베키스탄에만 약 20만 명에 달하여 중앙아시아에서 가장 많다. 이들 가운데 약 5만 명이 수도 타쉬켄트를 중심으로 거주하는데, 이들은 거의 러시아화되어 러시아어 이름을 가지고 있고 러시아어만을 사용한다.37) 고려인은 청년층으로 내려갈수록 한국어의 구사 수준이 낮지만 한국문화센터와 100여개 이상의 중등학교 및 타쉬켄트 국립동방학대학과 우즈벡 국립세계언어대학교에서 한국어 교육을 받고 구사능력을 키우고 있다. (Барбара Келльнер-Хайнкеле, Якоб М. Ландау 2015: 93).

우즈베키스탄에 거주하는 투르크멘인들의 수는 약 17만 명(0.55%)으로 이들은 주로 고대 호레즘 (Хорезм)왕국에 속했던 투르크메니스탄과의 국경지대와 아무다리야 강 연안에 거주하고 있다.

또한 우즈베키스탄 독립 당시 공화국의 북서쪽 아랄 해 연안에는 우즈벡 민족과는 기원이 다르고 카자흐어와 유사한 모어를 사용하는 카라칼팍민족38)이 자치공화국 카라칼팍스탄(Республика Каракалпакстан)

중 키르기스인 54.7%, 우즈벡인 38.0%의 분포를 보였다.

37) 1989년 인구센서스를 보면 고려인의 3.6%만이 우즈벡어를 구사할 수 있었다. Народы Узбек истана: Корейцы. http://www.mg.uz/publish/doc/text55461_narody_uzbekistana_ koreycy. (검색일: 2017.06.21)

을 소련 창건 초기부터 형성하고 있다.

〈그림 4〉 카라칼팍스탄 자치공화국

수도가 누쿠스(Нукус)인 카라칼팍스탄의 면적은 우즈베키스탄의 약 1/3인 166,600㎢에 달하지만, 인구는 1,817,500명(2017년 현재)으로 우즈베키스탄 전체 인구의 약 5%정도를 차지할 뿐이다.39) 또한 카라칼팍스탄은 토착주도민족인 카라칼팍인들이 절대다수를 차지하고 못하고 있는데, 1989년 소련의 마지막 인구센서스에서도 우즈벡인보다 수가 적은 것으로 나와 있다.

---

38) 카라칼팍이라는 명칭에서 кара(카라) - '검은', калпак(칼팍) - '모자'를 의미한다.

39) 1989년 소련의 마지막 인구센서스 조사 당시 인구는 1,212,207명이었다.

<표 4> 1989년 카라칼팍스탄의 민족분포

민족	인구 수(명)	비율(%)
카라칼팍인	389,146	32.10
우즈벡인	397,826	32.82
카자흐인	318,739	26.29
투르크멘인	60,244	4.97
러시아인	19,846	1.64
고려인	9,174	0.76
계	1,212,207	100.00

카라칼팍스탄은 1990년 12월 14일 주권선언을 채택했는데, 이는 카자흐공화국과 우즈벡공화국보다는 늦은 것이었지만 키르기스공화국보다는 앞선 것이었다. 1992년 1월 9일 카라칼팍스탄공화국(Республика Каракалпакстан)으로 개편했지만, 이듬해인 1993년 우즈베키스탄과의 20년간 합병조약을 체결했다. 이 조약에는 국민투표로써 우즈베키스탄을 탈퇴할 권리가 보장되어 있었다.40)

그렇지만 이미 2013년에 이 조약의 시효가 끝났지만 카라칼팍인들의 자주권과 독립 요구는 우즈베키스탄의 동화정책과 유무형의 탄압으로

---

40) 공화국은 우즈벡공화국의 헌법 17장 74조에 따라 카라칼팍스탄 국민투표를 기반으로 우즈벡에서 탈퇴할 권리를 가진다. 카라칼팍스탄공화국 대표가 우즈벡공화국 상원의 부의장 중 한명이 되고 내각에도 1명 들어간다(우즈벡공화국 헌법 18장 86조). Конституция Республики Узбекистана. http://constitution.uz/ru. (검색일: 2018.10.01)

묵살되고 있고 국민투표도 실현되지 못하고 있다.

동남투르크어(또는 차가타이어)파에 속하는 우즈벡어와는 달리 카라칼팍어는 노가이-킵차크어에 속하여 카자흐어와 노가이어에 가장 유사한데, 카자흐어의 한 방언으로 보기도 한다. 카라칼팍어는 카라칼팍스탄 외에도 호레즘 주와 동부의 페르가나 주에도 사용자들이 분포한다. 현재 카라칼팍어는 카라칼팍스탄의 공식어이자 학교에서의 교육언어이다.

카자흐스탄은 1991년 12월 16일 소련해체 후 가장 마지막으로 독립을 선언한 연방공화국이었다. 카자흐스탄은 소련 당시 러시아 다음으로 큰 영토를 가지고 있었지만 유목생활 전통으로 인해 정착을 하지 못하다가 소련 통치 70여 년 동안 소련의 민족정책과 국경설정의 인위성, 그리고 2차 세계대전, 개간 정책 등으로 인해 수많은 외래 민족들이 들어와 다수를 차지하고 오히려 카자흐인이 소수가 되기도 하였다.

상대적으로 민족주의가 강하여 소련 시기 고등교육을 받으려하지 않거나 관료로의 진출을 비교적 꺼려하여 상층 계급으로의 진입이 차단되고 러시아어의 구사능력 부족으로 차별과 학대를 받은 인접 우즈베키스탄과는 달리 카자흐인들은 가장 러시아인화 되었다는 평가를 받아왔다.

독립 당시 카자흐스탄은 130여개 민족으로 구성된 다민족국가로서 토착주도민족인 카자흐인의 수가 압도적인 다수를 차지하지 못하고 러시아인의 수와 비율이 가장 많은 국가로서 러시아인과 러시아어, 러시아 문화 등의 러시아적 전통이 견고하여 중앙아시아에서 상대적으로 가장

개방적이고 러시아적 가치에 관용적인 국가로 남을 것으로 인식되었다.41)

특히, 러시아어는 국가 전 분야에서 카자흐어 보다 훨씬 더 넓은 사용 영역과 더 효용성이 높은 공식어의 지위를 가지고 있었고, 더욱이 많은 민족들 사이의 의사소통 수단 기능을 가진, 명실 공히 국어에 상당하는 지위를 가지고 있었음이 분명했다.

그러나 독립 카자흐스탄 정부의 점진적인 카자흐인 중심국가 건설 정책의 추진으로 러시아인은 소수민족으로 전락, 옛 수도인 알마트이와 북부 러시아연방과의 접경 주에 밀집해 거주할 뿐이다.42) 또한 러시아어도 공식적인 규정이 없이, 다만 국어인 카자흐어와 동등하게 사용할 수 있다고 헌법에 기술되어있다.43)

---

41) 2018년 1월 일 현재 카자흐스탄의 총 인구는 약 18,157,000명, 이중에서 카자흐인 12,250,000명(67%), 러시아인 3,588,000명(20%)이다. 그러나 소련 해체 전 1989년 인구센서스에서는 러시아인들의 수가 카자흐인과 거의 같았다. 당시 카자흐소비에트공화국의 인구는 16,600,000명, 이중에서 카자흐인 6,536,000명(39%), 러시아인 6,228,000명(37%)의 분포를 보였다.

42) 2018년 1월 현재 러시아인의 수가 많고 비율이 높은 지역은 다음과 같다: 알마트이 시 469,614명(26.06%), 아크몰 주 244,786명(33.13%), 카라간다 주 494,663명(35.83%), 코스타나이 주 361,435명(41.28%), 파블로다르 주 270,721명(35.86%), 북카자흐스탄 주 277,807명(49.73%), 동카자흐스탄주 505,010명(36.50%). Численность населения РК по отдельным этносам 2018 г.

43) Статья 7. 1. В Республике Казахстан государственным является казахский язык.
   2. В государственных организациях и органах местного самоуправления наравне

또한 2017년 초 카자흐어 키릴문자기반 표기체를 점진적으로 라틴기반 표기체로 바꾸는 조치를 취하여 2025년에 완료하기로 했는데, 카자흐스탄 대통령과 정부는 러시아어의 지위와 사용은 여전히 보장되고 카자흐어의 표기를 보다 세계적인 라틴화하는 것뿐이라고 밝히고 있지만 기존의 카자흐어, 러시아어의 이중언어 사용 정책에서 영어를 추가하여 점진적으로 러시아어의 사용영역을 축소, 더 나아가 배제시키려는 것은 분명하다.

비록 현재까지 러시아연방과 카자흐스탄 간의 관계는 우호적이지만 차후 러시아연방과의 북부접경지대의 많은 수를 차지하는 러시아인을 포함한 러시아어 사용자들의 이익이 침해받을 경우 러시아연방의 대응도 표출할 가능성이 있을 것임은 우크라이나 크르임의 러시아 합병과 동부 내전을 보면 알 수 있다.[44]

с казахским официально употребляется русский язык. Конституция Республики Казахстан. http://www.akorda.kz/ru/official_documents/constitution. (검색일: 2018.04.23)

44) 예를 들면, 카자흐스탄 정부는 북부 여러 주의 러시아인 밀집 도시 명칭을 카자흐어 식으로 바꾸거나 주도로서의 지위를 박탈하여 러시아인들을 자극하고 있다. 이에 따라 세미팔라틴스크(Семипалатинск)를 세메이(Семей)로, 우스찌-카메노고르스크(Усть-Каменогорск)를 외스케멘(Өскемен)으로, 페트로파블롭스크(Петропавловск)를 페트로파블(Петропавл)로 바꾸었고 러시아인들이 거의 절반을 차지하고 있던 세미팔라틴스크 주를 없애고 동카자흐스탄 주에 흡수시켜버렸다.

III. 결론

이상과 같이 소련 이후 생겨난 포스트소비에트 공간에서 신생국들은 모두 토착주도민족 중심의 민족국가건설 정책을 추진하여 소수민족들과의 마찰, 분규가 발생 가능성을 가지고 있었음을 알 수 있었다.

민족국가건설 정책의 하나로 토착주도민족어의 국어, 민족 간 의사소통어 기능 부여는 자국 내 소수민족의 저항을 야기하였는데, 특히 소련 시기 민족 간 의사소통어의 기능을 담당한 러시아어 대신 토착주도민족어의 지위향상과 기능 확대는 소수민족출신들의 정치적, 경제적, 사회-문화적 영역에서의 차별을 야기할 수밖에 없었다.

러시아연방을 제외한 14개 신생독립국들에서 러시아인들은 소수민족으로 전락, 러시아어 밖에 사용할 수 없었던 러시아인들의 이주유출을 야기했고, 이는 신생국들의 혼란스런 상황을 만들었다.

먼저 발트 지역에서 러시아인들은 소수민족으로 전락했고 러시아어의 사용도 금지되었는데, 가장 강력한 반 소비에트, 탈 러시아화 정책 추진으로 민족분규 가능성이 매우 많다는 것을 알 수 있었다.

몰도바에서도 러시아어 사용자들은 소수민족이 되었고, 이들은 루마니아와 통합 정책에 대항하여 사실상의 독립국인 프리드네스트로볘 공화국을 구성하였지만 또 다른 소수민족인 가가우즈인들은 몰도바정부와 타협하여 몰도바영토 안의 자치조직을 구성하였다. 그러나 국내외의 상황변화에 따라 분규가 발생할 수 있음을 알았다.

  캅카스 지역에서 토착주도민족과의 민족-언어 분규가 일어났거나 그 가능성이 큰 소수민족들은 다음과 같음을 알았다. 조지아에서는 러시아인외에 압하스인, 오세트인이고 아르메니아에서는 러시아인과 아제르바이잔인이며, 아제르바이잔에서는 역시 러시아인과 아르메니아인이다. 아르메니아와 아제르바이잔에서의 러시아인과 러시아어의 지위는 사실상 유지되고 있지만 조지아의 러시아어 사용 지역인 압하지야와 남오세티아 공화국은 여전히 민족-언어분규가 발생할 가능성이 큼을 알았다.

  중앙아시아에서의 소수민족은 러시아인 외에 우즈베키스탄의 카라칼팍인, 타지크인이고 키르기스스탄의 우즈벡인(대부분 오쉬 주에 거주)이며, 소련시기에 러시아어 단일언어 사용자였던 고려인들도 새로운 환경에서의 소수민족인데 다른 지역과 비교하여 민족-언어분규도 뚜렷하지 않았고 그 가능성도 크지 않음을 알았다. 그러나 역시 다른 지역과 마찬가지로, 국내외의 정치, 경제 등에서 소수민족의 지위를 침해하는 상황이 일어난다면 언제든지 혼란스런 상황이 전개될 것은 분명하다.

참고문헌

1. 정경택. "카자흐스탄에서의 러시아어의 지위 변화." <u>노어노문학</u> 15권 2호 (2003): 177-212.

2. _____. "에스토니아의 언어정책의 영향 연구." <u>슬라브어 연구</u> 18권 2호 (2013): 167-184.

3. _____. "발트 3국의 언어정책." <u>슬라브研究</u> 30권 4호 (2014): 183-218.

4. _____. "몰도바의 언어문제와 민족분규." <u>슬라브어 연구</u> 19권 2호 (2014): 167-184.

5. _____. "몰도바공화국 가가우지야의 언어 문제 연구." <u>러시아어문학연구논집</u> 51집 285-308.

6. _____. "캅카스 3개국 언어정책과 러시아어 상황 연구." <u>슬라브研究</u> 32권 2호 (2016): 63-87.

7. _____. "캅카스 지역의 민족-언어상황 고찰(남오세티야와 북오세티야의 언어정책을 중심으로)." <u>슬라브어 연구</u> 21권 2호 (2016): 133-152.

8. _____. "독립벨라루스 공화국의 언어상황 연구." <u>한국사회언어학회</u> 25권 4호 (2017): 143-161.

9. _____. "우즈베키스탄의 민족-언어상황 연구." <u>러시아어문학연구논집</u> 제62집 (2018): 271-298.

10. _____. "포스트소비에트 공간에서의 민족-언어분규 연구." <u>러시아어문학연</u>

구논집 제64집 (2019): 191-217.

11. _____. "아르싸흐 공화국의 언어상황 연구." 러시아어문학연구논집 제66집 (2019): 251-275.

12. Жён, Гён Тэк. "Русский язык в Центральной Азии." Исследование по славянским языкам 20 (1), 2015. 1-14.

13. Барбара Келльнер-Хайнкеле, Якоб М. Ландау. Языковая политика в современной Центральной Азии: Национальная и этническая идентичность и советское наследие. Москва: Центр книги Рудомино, 2015. 68-107.

14. _____. Языковая политика в мусульманских государствах – бывших советских союзных республиках. Москва: Прогресс-Традиция, 2004. 26-181.

15. Колосов, В.А. Геополитическое положение России: представления и реальность. Москва: Арт-Курьер, 2000. 148-149.

16. Тишкова, В.А.(2008), "Русский язык и русскоязычное население в странах СНГ и Балтии." Вестник – РАН 2008. том 78 № 5. 415~422.

17. Численность населения РК по отдельным этносам 2018 г.

18. Закон о языках в Приднестровской Молдавской республике. http://zakon-pmr.com/DetailDoc.aspx?document=36286 (검색일: 2017.09.11.)

19. Конституция Республики Молдова. http://lex.justice.md/ru/311496/ (검색일: 2018.09.01.)

20. Конституция ПМР. http://zakon-pmr.com/DetailDoc.aspx?document= 62295 (검색일: 2018.08.02.)

21. "Приднестровье – это Россия": приднестровский депутат обратился к Путину за признанием ПМР. http://www.regnum.ru/news/polit/1782152.html. (검색일: 2018.10.21.)

22. Конституция Республики Казахстан. http://www.akorda.kz/ru/official_documents/constitution (검색일: 2018.04.23)

23. Armenia. U.S. English Foundation Research. http://www.use foundation.org/view/681.(검색일: 2017.12.01)

24. В 2020 году уточнят численность этнических кыргызов в Узбекистане. http://asiatv.kg/2017/12/15/%D0%B2-2020-%D0%B3%D0%BE%D0%B4%D1%83-%D1%83%D1%82%D0%BE%D1%87%D0%BD%D1%8F%D1%82-%D1%87%D0%B8%D1%81%D0%BB%D0%B5%D0%BD%D0%BD%D0%BE%D1%81%D1%82%D1%8C-%D1%8D%D1%82%D0%BD%D0%B8%D1%87%D0%B5%D1%81%D0%BA/ (검색일: 2017. 04.03)

25. Народы Узбекистана: Корейцы. http://www.mg.uz/publish/doc/text55461_narody_uzbekistana_koreycy (검색일: 2017.06.21)

26. Population of Karakalpakstan. http://www.karakalpak.com/stanpop.html (검색일: 2017.06.21)

27. Конституция Республики Узбекистана. http://constitution.uz/ru. (검색일: 2018.10.01)

한·중 한자어 이질화의 경향성과 도상화 분석[*]

- '동소역순어'의 시공간 대비를 중심으로 -

김정필(경상국립대학교 중어중문학과 교수)

1. 서언

고대중국어에서 현대중국어로 넘어오면서 '동소역순(同素逆順)'의 이음절 한자어가 단일화하는 경향이 나타나고 있는데, 이러한 현상은 근대 이후의 한국어에서도 비교적 뚜렷한 경향성을 보이고 있다. 다만 본래 '동소역순어'가 어떠한 의미관계를 형성하는가에 관해서는 고대중국어에서부터 통시적 연구가 진행되어야 하지만, 현재 한중 간의 '동소역순어'가 상호 대역되는 경우가 많다는 점은 언어 사유의 차이와 밀접한 관련이 있어 보인다. 물론 현대한국어에도 여전히 현대중국어 어휘와 동형동의어가 많기는 하지만, 이미 동형이의어가 늘어나는 경향과 더불어 역순동의어가 그 자리를 차지하고 있다. 이러한 의미의 이질화 현상은 여전히 유의성을 지니고 있는 것도 있지만, 완전히 서로 다른 의미를 나타내는 경우도 존재한다. 심지어 전혀 다른 형태소로 구성된 어휘가 동의어로 사용되기도 하는데, 이것은 오랜 시간이 흐르면서 서로 다른 언어 사유가 의미범주나 어순구조, 그리고 수사기법 등에 작용한 것으로 보인다. 그중에서도 동일 형태소가 상호 도치된 '동소역순어(同素逆顺语)'[1]가 동형어보다 더 동의성을 갖게 되면서 상호 대역되고 있는 것은 아마도 중국어와 한국어 사이의 언어 사유가 서로 상반된 논리구조를 형성하고 있기 때문일 것으로 파악된다.

사실 '동소역순어'의 단일화 현상은 한국어 한자어 내부나 중국어 어휘 내부에도 모두 나타나는 현상이기는 하지만, 한중 한자어 사이에서 상호 역방향의 어순을 가진다는 점은 고찰할 가치가 있어 보인다. 그래서 최근 중국인 유학생이나 한국인 중국어 연구자들이 한중 상호 대역 '동소역순어'에 관한 대조 연구가 진행되고 있지만, '동소역순어'가 지니

---

* 본문은 비록 한자와 한자어를 사용하고 있지만, 한국어 한자어와 중국어 동소(同素) 및 동소역순(同素逆順)을 구성하는 어휘가 왜 이질화되고, 또 이형한자어가 어떻게 동질화되는지를 고찰하기 위한 부분적인 작업임을 밝힌다.

1) 여기에서 '同素.'란 동일한 한자를 형태소로 취하는 어휘를 가리키며, '逆顺'이란 두 개의 형태소가 서로 역순구조로 배열된 어휘를 의미한다. 지금까지 연구에서 '동소역순(同素逆顺)'은 '동소역서(同素逆序)' 혹은 '어순도치(语顺倒置)', 자소도치(字素倒置) 등으로 다양한 용어가 사용되었다.

는 어법관계의 합리성이나 의미관계의 논리성에 관한 언어 인지의 변화 양상에 대한 연구가 더 필요해 보인다. 다시 말해, 한중 간의 '동소역순어'가 상호 대역어가 되어 가는 과정에는 어떤 힘이 작용했는지, 또 상호 대역되는 한자나 어휘의 의미항이 어떤 방식으로 연계되는지에 대해서 고찰할 필요가 있다. 따라서 본문은 기존 연구에서 제시된 '동소역순어' 중에서 한중 대역어로 사용되는 한자어를 중심으로, 한국어와 중국어 사이에서 '동소역순어'가 '동형어'보다 더 많은 동질성을 지니게 되었는지를 다음과 같은 전제와 방법을 통해 그 차이점을 관찰해보고자 한다.

첫째, 한중 동형한자어에서 형태소의 의미가 이미 이질화되었는지 살펴볼 필요가 있다.

둘째, 한중 역순대역어(동소역순어)의 동의성 여부(완전 혹은 부분)를 고찰해야 한다.

셋째, 한국어나 중국어 내부의 역순구조가 발생한 원인 또한 고려할 필요가 있다.

넷째, 한국어와 중국어의 선호구조가 상호 역순이 된 배경을 살펴보아야 한다.

사실 위의 네 가지 전제와 관련된 연구는 한국어 한자어 내부나 중국어 어휘연구에서 이미 많은 연구성과를 보여주고 있으며, '동소역순어'

의 한중 대역 과정에서 나타나는 이형한자어의 동질화 현상에 관해서도 연구가 진행되고 있다. 따라서 본문에서는 기존의 연구에서 '동소역순어'의 발생 원인으로 제시했던 조건을 기반으로 하여, 한중 이음절 한자어의 형태소가 지니는 어순구조를 '의미범주의 공간성'과 '어순구조의 시간성'이라는 두 개의 꼭지를 통해 살펴보고자 한다.

2. '동소역순어'의 연구 개황과 도상화 방법론

1) 기존 연구 개황과 연구 범위

한자어의 역순구조에 관해서는 한국어 한자어나 중국어 어휘연구에서도 동소역서(同素逆序)', 동소역순(同素逆順)', '동소반서(同素反序)', '자순도치(字順倒倒置)', '동소이서(同素异序)' 등 다양한 이름으로 연구되었다. 대개 '동소역순어'에 관한 연구는 한국어에서는 국어학자가 한국어 한자어 내부의 문제를 연구하였고, 이후 한국인 중국어 학자나 한국어 전공의 중국 유학생들에 의해 한중 한자어 사이의 '동소역순어'에 대한 대조 연구가 진행되었다.[2] 한국어 한자어 내부의 역순구조에 관한 연구

---

2) 물론 중국어에서도 중국어 내부 어휘의 동소역순어에 관해 연구되고 있다.

로는 김종택(1992), 박일동(1992), 묘춘매(1998), 장명희(2004), 成煥甲(2005), 郭秋雯(2010), 노명희(2008b) 등 이미 90년대 초반부터 관련 주제에 관심을 가지고 연구가 진행되었으며, 한중 역순구조 한자어에 관한 연구로는 程崇义(1987), 苗春梅(1998), 韓在均(1999), 姜京仁(2000), 문영희(2002), 박아봉(2006), 金梅(2007), 蔡悅(2008), SONG MENG(2018) 등이 있다.

  서론에서 밝혔듯이, 한중 간 '동소역순대역어'의 발생 원인은 고대중국어에서 사용되던 두 개의 동소역순어가 현대중국어로 오면서 단일화되는 현상에서 나타났으며, 특히 한중 간 동형어의 이질화 현상이나 연어(连语), 즉 공기관계를 통한 한중 동형어의 이질화 현상과 동소역순어의 동의성과도 밀접하게 연관되어 있다. 물론 지금까지 한자어(어휘)의 어순구조에 관한 연구도 대체로 어순도치(변형)의 원인과 다양성, 그리고 유형 분류에 관한 연구가 주로 진행되었다. 현재 본 연구에 앞선 전문적인 연구에는 남궁양석(2008)의 '정보구조와 초점의 대비'를 통한 어순 연구가 있으며, 이운재(2014)에서도 인지언어학의 다양한 인지 기재를 통한 중국어 어순구조의 변화 유형과 이론적 근거를 제시하고 있다. 특히 한중 간 '한자대역어'의 연구로는 중국인 유학생 등을 중심으로 한 학위논문에서 두드러지게 나타나고 있으며, 또 방향옥(2011)과 鍾潔(2014) 등에서도 '한중파생어의 대조 연구'와 '한중 합성어의 구조분석'을 진행하기도 하였다. 다만 이러한 연구에서는 비록 어순 대비를 통한 이론 연구가 진행되기는 했지만, 여전히 '동소역순어'의 수집과 분류, 그리고 형성 배경에 집중되고 있다.

지금까지 연구에서 제시되었던 역순구조의 발생 원인을 살펴보면, 먼저 중국어 내부의 역순구조(자순도치)의 형성 배경으로는 1) 중국어의 이음절화 현상과 이음절 어휘의 도치구조의 쉬운 활용 2)고대중국어에서 이음절화로 발전하는 과정에서 과도기 단계에서 완전 고정화가 이루어지지 않음(人民-民人) 3) 중국문학에서 시적 압운(押韵)과 평측(平仄), 성운(声韵)의 조화 등 음률의 필요에 의한 도치(衣裳-裳衣) 4) 5.4시기 문언어휘의 수용(安慰-慰安) 5) 방언의 흡수(刚才-才刚) 등을 들 수 있다. 또 한국어 역순구조 형성의 원인으로는 1) 중국어 어순도치 어휘를 그대로 차용 2) 한국어 고유의 언어 사유를 통한 어순도치의 활용(得利와 利得, 读经과 经读) 3) 개화기 서양문화의 유입으로 새 한자어의 필요(居住와 住居, 学科와 科学) 4) 기존의 한자를 재활용한 것과 일본 한자어의 개입(方今과 今方, 日当과 当日, 人夫와 夫人)으로 한국어에만 존재하는 것 등을 들고 있다.3)

물론 한국에서 사용하는 한자는 본래 중국에서 수입한 것이기는 하지

---

3) 주요 내용은 蔡悦(2008)에 대부분 정리되어 있음. 본래 기존의 한국어 한자어 관련 제 연구에는 번체자로 되어 있는 것이 많으나, 본문은 한자의 일관성을 추구하기 위해 모두 간체자로 통일하여 표기한다. 그리고 한국어에서는 '자순도치'라는 용어를 사용하는 경우가 많지만, 본문에서 용어통일을 위해 모두 '어순도치' 혹은 '동소역순어'로 고쳐썼다.

만, 오랜 시간이 흐르면서 중국어 내부의 변화 이외에 한국어 한자어 또한 많은 변화가 있었다. 이러한 과정에서 한국어 한자어와 중국어 어휘 사이에서 상호 대역어로 사용되는 한자어는 동형동의어(同形同义语)가 '동형이의어'가 되기도 하고, 또 다양한 방식의 이형동의어(异形同义语)도 생겨났다. 그중 한중 간의 '동소역순대역어(同素逆顺对译语)'는 동형어의 두 형태소 'AB'가 도치되어 나타난 'BA'구조가 '동의관계'로 번역되는 경우를 말하며, 한국어와 중국어 사이의 언어 인지과정이 상호 반대의 시각으로 관찰하고 있음을 보여주는 잣대가 될 수 있다. 물론 기존의 연구에서처럼 동의어 사이는 완전동의어냐 부분동의어냐의 차이점이 있기는 하지만, 본문에서는 이처럼 명확한 경계를 설정보다는 상호 대역 관계가 성립하느냐의 여부를 언어 관습적 측면에서 고찰해 보고자 한다. 다만 기존 연구에서 '동소역순대역어'로 분류된 한자어를 분석의 대상으로 삼았지만, 소논문의 편폭의 한계를 감안하여 소수의 대표 어휘를 선별 분석하는 것으로 대체하고자 한다.

본문의 연구 방법과 범위는 기존의 언어학자들이 연구했던 특정 텍스트나 기본한자, 혹은 수험한자에 나오는 '동소역순어'를 모두 망라하기 때문에, 한중 대조 연구에서 나타나는 '완전동의어'와 '부분동의어'의 차이를 고려하지 않고 진행한다. 우선 구문의 기본구조는 사람이 사물을 인지하여 구문을 형성할 때 주어지는 '시간의 일차원성'에 근거한 어순의 배열구조와 언어의 논리구조를 대비시켜 살펴본다. 즉 중국어 구문의 어순배열은 '주어+술어+목적어'라는 기본구조를 기반으로 수식어와 보어로 구성되는데, 이음절 한자어의 형태구조도 병렬구조를 제외하고는 수식어와 중심어, 중심어와 보충어의 방식으로 구성되어 있다. 이러한 구성방식으로 형성된 한자어를 다시 두 형태소의 어순구조를 역순으로 결합하여 서로 다른 '동소역순어'를 형성하게 된다. 한국어 한자어는 본래 중국어 어휘를 수입한 것이기 때문에, 기본적으로는 중국어 어휘의 형성과정과 크게 다르지 않다. 하지만 상호 역방향의 어휘구조가 동의성을 가진 대역어로 대비되는 것은 바로 구문구조의 차이와 무관하지 않다는 것을 보여준다.

이러한 한자어의 동형이의어나 동소역순어가 표현하는 의미의 이질성과 동질성을 '시간순서원칙(PTS)'을 기반으로 한 의미범주의 경계를 시공간을 통해 고찰함으로써, 구문의 어순구조와 사건의 전개과정, 그리고 자연시간의 관계를 교학과정에서 응용할 수 있도록 하는 것이다.

2) 어순 대비와 도상화 연구 방법

먼저 구문구조의 일차원성에 근거한 '어순대비'의 시간성은 이음절 한자어의 두 형태소가 지니는 어순구조를 시간순서 해석을 진행하면서, 선행형태소를 '시점' 혹은 '배경'의 각도에서 파악하고, 후행형태소를 '종점' 혹은 '초점'으로 파악하여 의미구조를 분석하는 것이다. 이러한 구조

방식의 선택은 '学习'처럼 선행 동작과 후행 동작의 순서가 명확한 경계를 가지는 경우에는 역순구조가 성립하지 못한다는 것에서 사실에 근거할 수 있다. 반대로 '喜欢'과 '欢喜'처럼 심리동사의 경우에는 그 순서가 바뀌어도 문제는 되지 않지만, 두 개의 동의한자 또한 일정한 경계를 가진다는 것이 본 연구의 전제이다.

한국어 한자어와 중국어 어휘를 구성하는 '동소역순어'의 단일화 현상은 두 개의 어휘 중에서 한 개만이 상용화되거나 다르게 활용된다는 것을 의미한다. 예를 들면, 앞에서 제시한 동소역순어 '喜欢'과 '欢喜' 중에서 한국은 '欢喜'가 사용되고 '喜欢'은 사용되지 않는다. 반대로, 중국은 '喜欢'과 '欢喜'가 모두 통용되고 있지만, 동사와 명사로 구별되어 사용되고 있다. 한국어 한자어와 중국어 어휘 사이에서 대역어를 형성하는 어휘에는 '동소역순어' 이외에도, 다양한 '이형동의어'가 존재한다. 예를 들면, '卒业(졸업)'과 '毕业', '窗门(창문)'과 '窗户'처럼 어순은 같으나 한 개의 형태소가 다른 '부분이형동의어'가 있고, 또 '부분이형동의어' 중에서 '学年(학년)'과 '年级'나 '始作(시작)'과 '开始'처럼 동일 형태소의 어순이 역순으로 나타나는 것도 있다. 따라서 어순이 동일한 경우에는 '이형형태소' 상호 간의 의미관계를 파악하는 것이 중심이 될 것이며, 동형형태소의 어순이 역순일 경우에는 동형형태소의 의미범주에 대해서도 동시에 고찰해야 할 것으로 보인다.

본문에서는 이음절 한자어 중에서 두 개의 형태소가 서로 역순구조를 가진 동소역순어가 한중 간에 서로 대역관계가 되는 두 개의 어휘에 관해, 어순구조의 '시간순서'와 의미범주의 '공간도상'의 차이를 통해 그 경계를 분석하는 작업을 진행하고자 한다. 즉 '동소역순어'를 구성하는 두 개의 형태소를 어순에 따라 '배경-초점'으로 관계를 설정하고, '배경'을 의미범주의 '기준시점'으로 파악하고 '초점'을 사건의 '종결시점'으로 파악한다. 또 의미범주의 도상화 연구는 각 형태소가 표현하는 의미범주의 다소(多少), 고저(高低), 내외(內外) 등 상반대립과 배경과 초점의 위치에서 의미범주의 상관관계를 살펴본다. 후자와 관련된 연구로는 왕신리(2016)에서 이미 중국어의 '선대후소(先大后小)'의 언어습관과 한국어의 선소후대(先小后大)의 언어습관을 대조하여 고찰하였는데, 여기에 필자가 좀 더 보완하여 다음과 같이 정리해 보았다.

첫째, '술목(述目)구조'와 '목술(目述)구조'의 대립(시간도식)

둘째, '선대후소(先大後小)'와 선소후대(先小后大)의 대립(공간도식)

셋째, '선내후외(先內後外)'와 선외후내(先外後內)의 대립(내외도식)

넷째, '선주후차(先主后次)'와 선차후주(先次後主)'의 대립(전후도식)

하지만, 위의 원칙 또한 기준에 따라 달라질 수도 있는데, 왕신리(2016)는 "'卖买(매매/买卖, 매형妹兄)/兄妹…' 등에서 '兄妹…'는 '오빠와 여동생'의 의미로 '선대후소(先大後小)'의 규칙에 따른 언어 서술 습관이고 반대로 '妹…兄'의 해석은 '손위 누이의 남편'이지만 표면적 의미는 '여동생과 오빠'의 의미로 '선소후대(先小後大)'의 규칙에 따른 언어 습관이다. '卖买(매매/买卖)'도 마찬가지다."라고 하고 있다. 그런데 과연 '买卖'와 '卖买'의 관계를 '大小'의 각도에서 파악할 수 있는지는 의문이며, 아마도 또 다른 도식화를 찾아서 분류하는 것이 더 낫지 않을까한다.

또 구문구조에서도 중국어의 부사어와 보어는 대개 한국어에서는 부사어로 번역되는데, 구문에서 중국어 부사어와 보어의 의미범주가 서로 다르게 나타나는 것 또한 시간성의 각도에서 접근할 수 있지 않을까 하는 것이 본 논문의 두 번째 방법이다. 사실 지금까지의 어휘분석에서 보면, 대부분의 연구가 이들의 의미 차이보다는 동의관계에 집중하고 있었기 때문에, 정작 한중번역에서는 더더욱 그 차이점을 파악하기 어려웠다. 따라서 구문에서 표현되는 의미범주의 경계가 유사한 구문성분 또한 서로 다른 분포위치에서는 의미범주의 변화가 일어날 수 있다는 것이 본 논문의 주안점이다.

물론 한국어에서 중국어 보어를 복합동사나 의역을 통한 서술어로 번역이 가능한 경우에는 부사어로 번역한 경우와 달리 어떠한 의미 차이를 보이는지도 고찰해 볼 필요가 있다. 만약 이런 경우에는 단순히 어순 대비의 구문분석에만 대입시켜 비교하기는 힘들기에, 다양한 변형 구문의 형성 배경이나 변화 요인을 연계시켜 살펴볼 수도 있다. 따라서 본문에서는 언어구조를 구성하는 근원적 배경이 되는 '시공간의 대비'를 통해 자연 시간의 흐름과 사건구조의 시간성, 그리고 화자의 발화순서를 연계해서 고찰해 보고자 하였다. 다시 말해, 본문 분석의 기준으로 삼고 있는 '시간성'은 단순히 형태구조의 어순관계 뿐만 아니라, 주어에서 목적어에서 이르는 사건의 전개과정까지 중국어와 한국어의 전반적인 흐름을 결부시켜 볼 수 있다. 즉 중국어의 '술목구조'에서 보이는 '주어(주체)→술어(동작)→목적어(목적지)'로 이어지는 사건의 전개 과정과 한국어의 '주어(주체)→목적어(목적지/대상)→술어(동작/행위)'의 사건과정을 '시간의 일차원성 원칙'과 연계시켜 보면, 한중 언어 인지의 역방향성을 살펴볼 수 있다.

3. '동소역순어'의 이질화 양상과 시공간 도식화

중국어와 한국어에 사용되는 한자와 한자어의 의미범주가 많은 부분에서 이질화가 일어나고 있으며, 이러한 이질화는 동형어나 이형동의어, 그리고 '동소역순어'에 이르기까지 다양한 각도에서 나타나고 있다. 물론 중국어와 한국어 사이의 '동소역순어' 또한 완전대역어가 아니거나, 혹은 대역어가 되지 않는 경우도 많다. 예를 들면, 한국어 '绝纠(절규:힘을 다해 부르짖음)'는 부정적인 측면에서 많이 사용되지만, 중국어 '纠绝

(훌륭하다고 절찬하다)'는 긍정적인 측면에서 사용되고 있다. 또 한국어 한자어 '亡身(망신)'은 지위나 체면의 손상을 의미하지만, 중국어 어휘 '身亡'은 '죽다'의 의미로 몸이 소실됨을 의미하고 있다.[4] 물론 이러한 동형의 이질화 현상과 달리, 이형의 동질화도 나타나고 있다. 예를 들어, 한국어 한자어 対答(대답)의 중국어 대역어는 '回答'가 되어 '対'와 '回'가 상호 의미 대응을 통해 동질화를 실현하고 있다.

1) 형태구조의 시간성과 시간순서의 도식화

우리는 중국어 구문을 한국어로 번역하는 과정에서 유사의미를 가진 다른 한자어를 선택하게 되는데, 대개 동형동의어를 제외하고는 '이형동 의어'나 '동소역순어'를 선택하는 경우가 많이 발생한다. 이것은 앞에서 언급했던 것처럼, 한중 동형한자어 사이에는 많은 의미상의 이질화가 일 어났기 때문인데, 정작 중국어 '동소역순어'도 두 대립쌍의 의미가 완전 히 일치하지는 않는다.

우선 '동소역순어'를 구성하는 형태소의 구조방식이 지니는 어순의 시 간성은 사건 진행의 우선순위와 연계되므로 동사의 분석에 가장 적합할 것으로 보이나, 명사나 형용사 또한 그 형태소의 특징에 따라 시간성 분

---

4) 박아봉(2006) 참조.

석이 가능하다고 본다. 우선 한국어에서 거의 구분 없이 사용되고 있는 '运命'과 '命运'을 예를 들어 비교해 보자. 한국어에서는 최근에 정치권에서 '命运'이란 단어를 쓰면서 매체에서도 자주 보이는 경향이 있지만, 한국어에서는 '命运'보다는 '运命'이 상용되고 있다. 중국어에서는 반대로 '命运'이 사용되고 '运命'은 고문이나 문헌에서 주로 보이며, 일상 회화에서는 사용되지 않는다. 두 한자는 모두 인간 생사의 과정을 설명하고 있지만, 시간성에서는 차이를 보인다. 즉 본래 '명(命)'은 태어나면서 타고난 선천적인 것으로 인지되며, 움직임으로 해석되는 '运'는 후천적으로 인지되어 '命运'이 자연 시간에 순행하는 것으로 파악할 수 있다. 즉 '命'은 이미 고정화된 정적 상태로 파악할 수 있으며, '움직인다'는 것은 사람이 살아가면서 계속 변화될 수 있는 동적 현상으로 파악한다. 이러한 관점에서 볼 때, 중국어에서 상용되는 '命运'은 시간순서가 자연 시간에 순행하고 있으며, 한국어에서 상용되는 '运命'은 자연 시간에 역행하고 있다고 볼 수 있다. 또 이것은 '술목구조'의 중국어와 '목술구조'의 한국어가 지니는 구문 특성과 일치하는 것으로 연결해 볼 수 있는데, 한자어의 구조 또한 구문구조의 형식을 지닌다는 점에서 나름의 일관성을 지니고 있을 것으로 파악된다.

한중 '동소역순어'를 연구한 박아봉(2016)에서 총 48개의 동의관계를 지닌 한중 '동소역순어'를 제시하였는데, 그중 하나인 동사 '离脱(離脫)'과 '脫离'는 한국어나 중국어에서 모두 사용되는 것이긴 하지만, 여전히 상용과 비상용의 관계에 있다고 볼 수 있다. 물론 한국어에도 두 한자어의 해석이 서로 약간 다르게(범위나 대열에서 떨어져 나감과 벗어나 따로 떨어짐) 해석되고 있기는 하지만, '离脱'이 상용어이며 중국어에는 '脱离'가 사용된다. 이런 각도에서 보면 한국어에서도 '离脱'이 선호도가 높아 중국어의 '脱离'와 대비되는데, '脱'은 '벗어나다'의 동적의 각도에서 관찰할 수 있다면, '离'는 일정한 거리를 나타냄으로써 정적의 각도에서 파악할 수 있다. 이것은 또 시간 순서에 대비해 보면, '기준에서 벗어나서(脱), 일정한 거리(离)를 유지한다'는 순서로 볼 수 있다. 따라서 '脱离'가 시간성의 흐름에 순행하며, 반대로 '离脱'은 시간성에 역행한다고 볼 수 있으며, 이 또한 한중 언어 사유의 기본틀을 유지하고 있음을 알 수 있다.

다시 동사 혹은 형용사로 활용되고 있는 동소역순어 '短缩'과 '缩短'의 두 대립쌍의 두 형태소를 '短(짧다)'와 '缩(줄이다)'의 의미관계를 대비하여 살펴보자. 우선 '缩短'의 구조관계는 '缩(줄여)서 短(짧아)진 상태'가 되어 자연시간에 순행하는 것으로 분석할 수 있으며, 반대로 한국어에서 상용하는 '短缩'은 이와 반대로, '짧게 만들기(短) 위해서' '缩(줄인다)'의 관계로 파악되어 사건구조와 역행하게 됨을 알 수 있다. 즉 '短缩'을 상용하는 한국어와 '缩短'을 상용하는 중국어 사이에는 역행과 순행의 시간 인지과정이 나타나고 있음을 알 수 있다.

또 한국어 한자어 '개수(改修)'와 역순구조의 중국어 어휘 '修改'도 한중 역순대역어로 사용되고 있는데, 중국어 '修改'의 첫번째 의미항은 한국어 한자어 '수정(修正)'이나 '첨삭(添削)'과도 동의관계를 형성하고 있다. 중국어 '修改'는 한국어에서도 '수리하여 원래대로 고치다'라는 의미로 사전에 등재되어 있지만, 현대 한국어에서는 오히려 '개수(改修)'는 거의 사용하지 않고 있다.

이번에는 명사로 사용되는 '生平'과 '平生'의 동소역순의 시간관계를 살펴보자. 비록 두 어휘가 한국어와 중국어에서 모두 사용되고 있기는 하지만, 상용과 비상용의 관계에서는 한중 대역관계가 성립한다고 볼 수 있다. 따라서 형태소의 의미범주를 통해 대비시켜 보면, '生平'은 살아온 기간을 나타내는 명사로 사용되지만, '平生'은 '평생을 살아오는 동안'처럼 시간의 궤적을 나타낸다. 중국어에서는 '生平'은 사용되지만, '平生'은 사용되지 않는다.

'限界'와 '界限' 또한 '일정한 경계 혹은 범위로 제한됨'으로 정의되는데, 동적 과정의 '限(제한하다)'과 정적 상태의 '界(경계선)'로 구성된 형태소 관계는 '술+목'과 '목+술'의 관계로 파악해 볼 수 있다. 중국어에서는 상용하는 '界限'은 한국어에서는 거의 사용되지 않으며, 여기에서 한국어의 '限界'(제한하기 위한 경계)와 중국어의 '界限(경계를 설정하여 제한하다)' 사이에 시간성의 역순대역관계가 성립된다.

'抱擁'과 '擁抱'은 중국어에서 둘 다 존재하지만 '抱擁이 擁抱'로 해석되어 있을 뿐 상용하는 것은 擁抱이다. 한국어에는 '擁抱'가 없다는 점에서 중국어 '擁抱'와 한국어 '抱擁'은 대역어가 성립된다. 우선 두 형태소의 시간과정을 살펴보면, '抱'를 '안다'를 선행 동작으로 볼 수 있으나, 오히려 '擁'이 안기 위해 팔을 끼는 선행 동작으로 파악해야 한다. 다시 '靜動'의 각도에서 보면, '抱擁'의 '안으려고 끼다'의 순서로 배경 '抱'와 초점 '擁'이 '정동관계'와 '擁抱'의 '껴서 안다'의 동정관계가 성립한다.

2) 의미범주의 크기(大小)와 공간범주의 도식화

어순의 시간성과 달리, 어순구조의 형태소가 나타내는 의미범주의 크기(大小)를 통해서도 도식화해 볼 수 있는데, 대표적인 '동소역순어'로 '菜蔬'와 '蔬菜', '市街'와 '街市', '期日'과 '日期', '音声'과 '声音' 등을 들 수 있다. 우선 동소역순어 의미범주가 어떻게 대소관계를 유지하는지 살펴보기 위해서는 어휘를 구성하는 형태소의 의미범주를 고찰해 보아야 한다. 예를 들어, '菜蔬(채소)'와 '蔬菜(소채)'는 한국어에서 그 경계를 확연히 구분해서 쓰지는 않는데, 대개 곡류만을 제외하는 '菜(나물, 푸성귀)'와 곡식 외에 부식물로 쓰는 모든 초본 식물을 가리키는 '蔬'로 구분해 볼 수 있다. 즉 온갖 푸성귀와 나물을 통틀어 이르는 말하는 '蔬'가 선행형태소로 구성된 '蔬菜(소채)'는 '大+小'의 대립관계로 형성되며, 중국어에서 상용하는 어휘이다. 반대로 한국어에서는 '菜'가 선행형태소로 한국어에서 상용되는 '菜蔬(채소)'는 '小+大'의 공간도식으로 도식화해 볼 수 있다.

　다시 '市街'와 '街市' 또한 그 범주에서 차이가 나는데, 물론 파생된 이후의 공간은 그 크기를 맞추기 쉽지는 않다. 우선 형태소 '市'의 본의는 '물품거래가 이루어지고 있는 곳'으로 '사다(买)'의 의미를 지니기도 하였으며, 이후 상가가 발달한 지역이나 행정구획이 이루어진 일정한 공간(省이나 市)를 나타내는 의미로 파생되었다. 다시 '街'는 '양쪽에 가옥이나 건물이 존재하는 큰 도로'를 의미하며, 일반적으로 상점이 개설된 곳이 많아 '市'자와 함께 쓰이고 있다. 자구 해석을 하자면, '市街'는 '상점이 양쪽으로 들어선 시가지의 도로'를 의미할 수 있으며, '街市'는 '도로를 기준으로 상점이 집중적으로 분포된 지역'을 의미한다고 할 수 있다. 현재 파생되어 사용되는 의미로 본다면, '市'가 '街'보다 다 커 보인다. 하지만, 대개 어휘를 구성하는 형태소가 본의(本义)를 중심으로 연결되는 경향이 많기 때문에, '街'가 '大'의 공간으로, '市'를 '小'의 공간을 보아야 할 것으로 보인다. 그러면 역시 중국어와 한국어 사이에는 '대+소'와 '소+대'의 관계가 성립하게 된다.

　또 다른 예는 시간을 나타내는 '期日'과 '日期'에서 공간범주의 대소를 고찰해 볼 수 있다. 본래 '期'는 규정된 시간으로 선택된 날짜를 의미하기도 하지만, 일정한 단락을 가리키며 각종 시간 단위를 가리킨다. '日'은 밤(夜)과 대비되는 한나절이나 하루를 의미함으로써, 시간의 공간화 범주는 '期'보다 작다고 할 수 있다. 期日은 '约定或预测的日数或时间'

을 의미하며, '日期' 또한 '约定的日子和时间' 혹은 '发生某事的确定日子或时期'로써 기본적으로 의미가 같다. 하지만 한국어에서는 '期日'은 '정해진 날짜'를 의미하여 '관형어+중심어'의 관계를 구성하고 있어, 중국어의 '日期'와 구조방식은 유사하다. 하지만, 두 어휘를 한중 간의 상호대역어로 보기에는 무리가 있다.

또 '音声'과 '声音'은 비록 의미범주가 차이가 존재하기는 하지만, 한국어의 '音声'은 중국어의 '声音'과 대역관계가 성립한다. 대개 언어학에서는 두 동소역순어의 형태소의 의미범주가 다르게 나타나는데, 즉 '声'은 사람의 소리와 자연의 소리를 모두 포괄하는 의미를 지니며, '音'은 '사람의 소리'에 한정해서 그 범위가 다르다. 하지만 한국어에서 '音声学'은 중국어에서는 '语音学'으로 표현하며, 중국어에서는 音声과 声音을 명확하게 구별한다. 다시 말해, 중국어 声音은 한국어 한자어 음향(音响)에 가깝다.

다시, '施设'과 '设施'에서 한국어에서는 '施设'를 상용되고 있는 반면, 중국어에서는 '设施'가 상용되어 두 개의 대역어는 한국어와 중국어 사이에 대역관계가 성립한다. 사실 '施'와 '设'은 한국어에서는 모두 '베풀다'의 의미로 동일 표제어가 설정되어 있어, 그 순서를 정하기 어려워 각 한자의 본의에서 파생과정을 살펴보아야 할 것으로 보인다. 우선 '施'의 본의는 '깃발이 펄럭이는 것'에서 '设置(安放), 实行, 加工, 授与 등'의 의미로 파생되었으며, 设은 ①'安置, 陈列', ②'建立、制订', ③'筹划의 의미를 지니고 있다. 그 차이를 구분하기는 힘드나 施는 동적인 과정에 가까우며, 设은 정적인 면에 더 가깝다고 볼 수 있다.

또 '片斷'과 '斷片' 중에서 중국어에는 '斷片'이 없고, 한국어에서는 '片斷'이 사용되지 않아 상호 대역관계가 성립한다. 여기에서 '斷'는 '끊다'라는 동적인 측면에서 사용되며, '片'은 끊어진 이후의 상태를 설명하고 있다. 다시 시간성에 대입을 해보면, '끊어짐(斷)'이 먼저이고 '끊어진 조각(片)'이 시간순서에 순행한다고 할 수 있으며, 그 반대의 '片斷'은 시간순서에 역행하면서 한중 사유의 대비에는 맞지 않는다. 하지만 두 어휘의 어법구조는 '부사어+동사'와 '관형어+명사'의 관계로 서로 다르게 나타난다.

'分配'와 '配分'은 한국어에서는 둘 다 사용되지만, 한중 대역관계에서는 역순대역어에 속한다고 할 수 있다. 우선 '配分'의 형태소의 어순관계는 '配'가 먼저이고 '分'이 후행하는 시간성으로 파악하게 되면, 일정한 형태(配)를 기준으로 나눈(分) 것으로 해석할 수 있으며, 그 반대로 해석하게 되면, 나누는 행위가 먼저이고 일정한 기준으로 구분하는 것으로 해석할 수 있다. 다시 말해, 한국어에서는 먼저 '개별로 나눔이 먼저이고 서로 비교되는 기준으로에 조화시킨다면, 중국어에서는 기준을 잡아서 나누고 어는 것이 선행한다고 할 수 있다. 한국어에서도 '配分'은 일정한 기준을 잡아서 다시 나눈다는 것을 의미하는데, 다만 중국어 사전에서도 구분해서 해석하기보다는 '分配'와 유의관계로 설명되어 있다.5)

물론 한국어에서 두 가지 유형이 동시에 사용되는 경우 그 차이를 명확하게 설명하기보다는 같은 설명을 가진 유의어로 등재되어 있다는 점은 같다. 하지만 두 개의 대비쌍이 동시에 사용되더라도 완전한 동의어가 아니기 때문에 그 의미를 달리하는 경우가 생긴다. 대표적인 예가 한국어에서 '往來'와 '来往'가 이러한 관계를 형성하고 있다. 우선 시간성 해석을 해 보면, '往(가다)'가 선행형태소로 두느냐 '来(오다)'를 선행형태소에 두느냐에 따라, 화자의 인지 방향은 화자 중심이냐 청자(혹은 대상) 중심이냐를 차이점으로 볼 수 있다. 따라서 한국어와 중국어의 사유가 역순대역관계를 통해 나타나고 있는 것은 '가다(往)'가 먼저인 한국어는 '자기중심적 사고'를 하고 있음을 의미한다고 할 수 있으며, 반대로 '오다'가 먼저인 중국어는 '상대중심적 사고'를 하고 있다는 것으로 대별해 볼 수 있다.

---

5) 중국어 사전에는 '配'는 '互相分工合作(配偶, 配种)' 혹은 '用适当的标准加以调和(配合, 配器)' 또는 '有计划地安排(配备, 配置)'으로 짝지우거나 균형적인 조화에 초점을 두고 있으며, '分'은 '区别开(分开分划)', '有整体中取出或产生出一部分(分发, 分忧)', '有机内独立出的部分(分会, 分行)'으로 개별적인 나눔에 초점을 두고 있다.

4. 한중 한자어의 이질화와 동질화 경향성

1) 동형동의어의 이질화

이동을 나타내는 동사 '往來'와 '來往', '去來'와 '來去'의 역순대비는 한국어와 중국어의 사물을 인지하는 시선이나 심리의 방향을 정확하게 보여준다. 필자는 어순의 시간성에 근거하여, '가다(去나 往)'가 앞서는 한국어는 화자중심(자기중심)적 사고를 하고 있으며, 반대로 '오다(來)'가 앞서는 중국어는 청자중심(타자중심)적 사고를 하고 있다른 것으로 판단하였다. 대개 한국어에는 '往來'와 '去來'가 사용되며, '往來'는 사람의 이동에 주로 사용되고, '去來'는 사람 사이에 물건이나 추상적 이동(무역 거래, 상품 거래 등)에 사용된다. 비록 한국어에서 '來去'와 '來往'은 〈한자사전〉에 등재되어 사용하는 것으로 되어 있지만, 현재 일상에서는 '비상용적'이라고 말할 수 있다. 또 한국어에서 '去來'는 주체의 실질적인 이동이 아니라, 물건의 주고 받거나 추상적인 이동(무역거래)에 사용된다. 중국어에서는 한국어보다는 둘 다 사용되는 빈도가 높으나, 한국어의 상용 경향과 반대로 '來'가 앞서는 '來去'와 '來往'이 주로 상용되고 있으며, 또 한국어와 반대로 '來往'은 추상적인 이동상황을 나타낸다.

본문에서 사용한 분석 방법이나 분석 기제가 반드시 일치하는 것은 아니지만, 한중 사유의 차이가 점차 이러한 경향으로 이르고 있다는 것을 보여주고자 하였다. '목술구조'로 대비되는 '명사+동사'의 관계는 단어에서는 '주술관계'의 방식으로 활용되며, 대표적인 예로 '牧畜'과 '畜牧'의 한중 동소역순대역어를 들 수 있다. 특히 한국어에서는 '술목구조'인 '牧畜(목축)'이 명사로 상용되어 사용되며, '~하다'가 붙어 타동사로 사용된다는 점이 예외적으로 존재한다. 여기에서 '牧'은 '가축을 기르다'의 의미를 지니며, '畜'은 소·말·양·돼지 따위의 가축을 가리킨다.[6] 하지만, 현대중국어에서는 '畜牧'이 "饲养放牧较多的家畜等"(많은 가축을 방목하여 기르는 일)(『现代汉语规范词典』p.1473)로 더 상용된다는 점은 여전히 한국어 한자어와 역순방향으로 가고 있음을 알 수 있다.[7]

다만 한국어와 중국어 모두 '牧畜'과 '畜牧'이 같은 의미로 각각『표준국어대사전』과『现代汉语规范词典』에 등재되어 있기 때문에, 반대의 주장을 펼치는 사람이 있을 수 있다. 그러나 실제로 한국에서는 '牧畜'의 형태가 더 많이 쓰이고 있다는 사실과 반대로 중국에서는 '畜牧'의 형태로 더 많이 사용되고 있음은 현대 작품이나 회화에서도 볼 수 있다.

---

6) 한국어『표준국어대사전』(上) 2197쪽(늑축목(畜牧))에는 '畜牧'이 비슷한 말로 등재되어 있지만, 현대한국어에서는 축목을 사용하지는 않는다.

7) '牧畜' 또한 畜牧으로 해석되면서 (『现代汉语规范词典』p.931) 모두 명사적 용법으로 사용된다.

2) '이형동의어'의 동질화

한중 동형어 중에는 그 의미가 이질화가 일어나면서 '동형이의어(同形异义语)'가 나타났는데, 그 대표적 예로는 '工夫, 爱人, 汽车, 洗手, 新闻, 约束, 事情, 点心, 颜色, 结实, 学院, 千万, 青年, 小心, 经理, 出世, 留念, 放心, 客气, 合同, 结束, 饭店, 讲义, 告诉, 蹴球' 등이 있다. 본래 하나의 개념을 나타내는 한자나 어휘의 의미범주 내부에는 다양한 하위 의미항을 가지게 되는데, 이들 의미항은 각자의 의미항과 어울리는 다른 한자와 결합하여 한자어를 만든다. 이러한 한자어의 생성과정에서 각각의 의미항은 각기 유사범주 내의 의미항과 결합하여 새로운 어휘를 만들어낸다. 그리하여 각기 서로 다른 의미항과 결합한 한자어는 전혀 다른 방향으로 의미파생이 일어나게 되는 것이다.

그러면 앞에서 언급한 동형이의어에 대한 의미분석을 통해, 왜 한국어와 중국어 사이에는 어떠한 의미변화 혹은 의미파생이 일어났는지 순서대로 살펴보기로 한다. 먼저 우리가 일상생활에서 자주 쓰고 있는 한국어 한자어 '工夫'와 중국어 '学习'으로 번역되는데, 여전히 '学习'이 '공부하다'의 의미로 사용된다는 점에서 완전대역어로 보기는 힘들다. 다만 중국어 '工夫'에도 '시간, 틈' 이외에도 '솜씨, 노력 등' 시간을 들여 학습함으로써 얻게 되는 다양한 기교가 포함되어 있어, 왜 한국어에서 '工夫'가 '학습'의 의미로 사용되는지를 짐작해 볼 수 있다.

일반적으로 '爱人'은 '타인을 사랑하다'라는 '술목관계'로 구성된 통사 구조가 어휘로 굳어진 예인데, 한국어와 중국어 사이에는 '婚姻'의 기준으로 미혼(未婚)과 기혼(旣婚)의 대비로 그 차이를 드러낸다. 최근 한국어에서 '사랑하다'라는 말의 쓰임이 남녀 간이 아닌 부모와 자식, 친구 사이 등 폭넓게 사용되고 있기는 하지만, 여전히 '좋아하다(喜欢)'의 의미보다는 더 강한 '감정의미'를 함유하고 있다. 여기에서 우리는 한국어에서는 '사랑하다'라는 의미가 여전히 남녀 사이의 감정이라는 주관성에 머무르고 있는 반면, 중국어에서는 이미 감정을 넘어선 '정감'과 '약속' 등 보다 객관성에 초점을 두고 있는 것으로 보인다.

다시 '汽车'와 '火车'는 증기기관을 인지하는 중국인과 한국인의 사유 방식을 엿볼 수 있다. 본래 중국어는 사물을 그림으로 그려서 장면으로 인지하는 정적(명사적) 사유를 하고 있으며, 한국어는 행위를 중심으로 한 동적(동사적)인 사고를 하는 모습을 그대로 그려놓고 있다. 즉 '汽车'는 말 그대로 '증기(汽)'를 이용하여 차를 움직이는 작동원리에 초점을 맞추고 있는 반면, 중국어의 '火车'는 증기를 일으키는데 필요한 불(火)을 때는 장면을 통해 기차의 모습을 묘사하고 있다.

5. 결어

본문은 한자어 유의어 사이의 의미 차이를 고찰할 수 있는 방법을 찾기 위한 작업으로 시간성과 도상성을 결부시켜 보고자 하였다. 우선 한자어의 형태구조가 지니는 어순의 시간성을 사건의 시간구조와 연계시켜 살펴보았다. 사실 사건의 시간구조는 '술목구조'와 '목술구조'의 차이에서도 드러나는데, 한국어와 중국어 사이의 어휘 변화과정에도 이러한 시간 사유가 작용할 수 있음을 고찰하고자 하였다. 하지만 고대중국어에서 한국어로 유입된 어휘는 그 자체로 살아있기 때문에, 반드시 이러한 시간성과 정비례하지는 않는다. 이러한 경우에는 비록 본문에서 언급은 하지 않았지만, 한국어 한자어의 명사성과 관련지어 볼수도 있지 않을까 한다. 즉 한국어에서는 술목구조나 목술구조의 어휘 모두 명사로 사용되고, 한국어 'ᄂ하다/되다' 등을 부가하여 동사나 형용사로 사용되기 때문이다. 그래서 한국어 한자어는 명사를 선호하는 경향이 있는데, 대표적인 예로는 '喜欢(동사)'과 '欢喜(명사)'가 있다. 이 두 동소역순어 중에서 한국어에서는 동사 '喜欢'은 사용되지 않고, 명사 '欢喜'만 사용된다. 반대로, 중국어에서 명사 '欢喜'는 동사 '喜欢'과 어법적으로 구분되어 사용되고 있으며, 두 형태소의 유의한자는 '爱'와 '喜', 그리고 '好'와 유의관계를 구성하고 있다. 이와 달리, ≪同义词词典≫에는 '喜欢'에는 '欢喜'가 유의어로 포함되어 있지 않다는 것은 두 동소역순어의 의미차이도 존재하는다는 것을 보여준다.

그래서 필자는 인지언어학의 도상성을 활용하여 '喜'와 '欢'의 차이를 안과 밖의 '내외도식'으로 파악해 보았는데, 즉 '欢'은 내부에서 갈무리되는 기쁨이라면, '喜'는 외부로 표출되는 기쁨으로 파악해 보았다. 다시 말하며, '欢'의 내부성은 정적(静的) 상황으로 표현할 수 있으며, 외부의 관계와 연결되는 '喜'는 관계성을 지닌 동적(动的)인 상황으로 대비시켜 파악할 수 있다. 그리고 이들이 결합한 형태로 '欢喜'는 '안(內)에서 밖(外)으로' 배출하는 과정을 가진 '기쁨'을 의미하고 있으며, '喜欢'는 이와 반대로 '밖(外)에서 안(內)으로' 이동하는 즐거움으로 도상화를 시도할 수 있지 않을까 한다.

참고문헌

남궁양석, 『현대중국어 어순의 정보구조와 초점』, 한국학술정보, 2008

박기현, 『중국어문법론』, 인제대학교출판부, 2011

刘月华 主编『趋向补语通释』, 北京大学出版社, 1998

이운재, 『인지언어학과 중국어 어순』, 도서출판 역락, 2014

鍾　潔『한국어와 중국어의 합성어 구조연구』, 역락, 2014

朱庆明 저, 이후일 역『시험지존중국어어법』, 시사중국어사, 2007

齐沪扬, 『现代汉语空间问题研究』, 学林出版社, 1998

桥本万太郎 저, 하영삼 역, 『언어지리유형학』, 학고방, 1990

김영주, 남명애(경희대학교), "한·중 이형동의 한자 어휘 대조 연구", 국어교육,
　　　　2008

김정필, "한중 유의한자어의 어순구조와 동의성 비교분석", 동북아문화연구, 2015

남궁양석, "현대중국어 어순의 정보구조와 초점", 한국학술정보, 2008

리우위, "한·중 동형이의어의 비교 연구 : 이자형 한자어를 중심으로", 선문대학교
　　　　대학원 석사학위논문, 2010.02

박지인, "한국 한자어를 통한 기초 중국어 어휘 교육 연구", 인하대학교 박사학위논
　　　　문, 2008.02

이운재, "인지언어학과 중국어 어순", 역락, 2014

채 열, "韓·中 字順倒置 漢字語 對照 硏究", 전남대학교 대학원 2008

김홍진, "현대 한·중 한자어의 동형이의어·이형동의어 비교 연구", 연세대학교 대학
    원 2006

https://stdict.korean.go.kr/search/searchView.do(국립국어원, 표준국어대
    사전)

경상국립대학교
해외지역연구센터
2021 총서

러시아어에서 영어 합성어의 다어절 어휘소 형태의 차용

정영주(경상국립대학교 학술연구교수)

I. 서론

다양한 기술과 학문 분야의 발전이 두드러지고 문명 간 소통이 활발한 현대사회에서 그 부산물인 차용어[1])의 증가는 예정된 수순에 따른 것이

---

* 이 논문은 『러시아어문학연구논집』 제72집(2021)에 실린 「러시아어의 영어 합성어 차용 연구: 다어절 어휘소를 중심으로」를 일부 수정한 글이다. 논문의 사용을 허락해 주신 한국러시아문학회에 감사드린다.

1) 이 용어를 두고 국내에서는 독어학자와 국어학자들을 중심으로 1970년대부터 심도 깊은 논의를 거듭해 오고 있다. 그러나 오랜 논의에도 불구하고 합의가 도출되지 않고 있다. 외국어에서 들여온 단어를 '외래어', 그리고 '외래어'가 국어에 동화되면 '차용어'로 구별하는 연구자들도 있고, 그러한 구별이 무의미하다고 여기는 연구자들도 있다. 여러 국어사전에서도 구별하기도 하고 또 동의어로 처

라 할 수 있다. 첨단기술과 문화를 선도하는 영미권에서의 차용어가 날로 늘어나는 것 또한 당연한 일이다. 러시아어에 편입된 영어 차용어의 수는 적지 않고, 그에 관한 연구도 꾸준히 이루어지고 있다.

그런데 영어 신조어, 특히 합성어를 번역차용한 결과로 형성된 어휘소(calque), 그중에서도 다어절 어휘소는 차용어 연구자들에게 있어 별다른 관심을 끌고 있지 못하다. 간혹 전문용어 차용 연구에서는 두 어절 이상으로 이루어진 어휘소를 차용어로 제시하고 있으나, 이러한 연구들에서는 용어의 대역어와 의미를 제시하거나 혹은 정리하여 목록화하는 데 주안점을 두고 있다. 이러한 경향성의 한 원인을 본고에서는 다음에서 찾고자 한다. 우크라이나의 차용어 연구자 자이보로노크(Жайворонок 2007:175-176)[2]에 따르면 차용어의 수용 단계는 크게 세 단계로

리하기도 한다. 이 용어를 둘러싼 자세한 논의는 이윤자(2017)를 참고하시오. 본고에서는, 첫째, 외래어와 차용어 모두 '차용하다/차용되다'라는 동사에서 자유로울 수 없고, 둘째, 본고에서는 고유어와 그에 대비되는 어휘소로서의 고유어/차용어에만 초점을 맞출 뿐 그 동화 정도에는 크게 관심을 가지지 않으며, 셋째, 본고의 연구대상인 러시아어 고유어/차용어 연구자들도 항상 두 개념을 명확하게 구별하지는 않기 때문에 '차용어'를 '외래어'를 포함하는 개념으로 사용하고자 한다. 다만, 그 개념을 분명이 구분해야 할 경우에 한해서 '외래어'라는 용어도 사용하였음을 밝힌다.

2) 여기서 자이보로노크는 1단계의 예로서 *піар* 'PR', *мас–медіа* '매스미디어', *дисконт* '디스카운트' 등을, 2단계의 예로서 *алфавіт* '알파벳', *театр* '극장', *партія* '정당' 등을, 3단계의 예로서 *огірок* '오이', *гарбуз* '늙은호박', *картопля* '감자' 등을 들고 있다. *гарбуз*를 제외한 나머지 예시들은 러시아어에도 적용 가능하며, 각각에 해당하는 대역어는 *пиар, масс–медиа, дисконт, алфавит, театр, партия, огурец, тыква, картофель*이다. *огірок*와 *огурец*는 중세그리스어 *ἄγουρος*에서 차용된 것이다(Фасмер III:120; Етимологічний словник української мо

나뉜다. 이에 따르면, 첫 단계에서는 신조어나 한정된 분야의 전문용어로서 외래어가 수용되고, 두 번째 단계에서는 화자들이 외래어임을 어느 정도 인식하면서도 단어를 적극적으로 사용하며, 세 번째 단계에서는 화자들이 외래어일 것으로 미처 생각을 못하면서 차용어를 고유어처럼 사용한다. 스코프넨코와 침발류크(Скопненко & Цимбалюк 2006:3)는 외래어를 수용 정도에 따라 차용어와 고유 외래어로 나눈다.3) 전자는 자이보로노크가 말하는 첫 번째와 두 번째 단계에, 후자는 세 번째 단계에 해당한다고 볼 수 있다. '고유(собственные)'와 '외래(иноязычные)'의 조합만큼 어울리지 않는 것이 없을 것 같지만, 차용 이후의 역사가 오래되어 언중들이 차용어를 고유어로 착각하는 일은 드물지 않게 일어난다. 더 나아가 다어절 어휘소의 각 요소가 이미 오래 전에 차용된 어휘이거나 고유어인 경우에는, 각 구성요소의 결합이 차용 대상 어휘의 결합양상을 그대로 모방한 것임에도 그 결합이 고유의 것으로 여겨지는 일 또한 드물지 않다.

그 한 예로 *чёрный ящик* '블랙박스'를 들 수 있다. 이 어휘소의 원

ви 4:153). 튀르크어에서 우크라이나어로 차용된 *гарбуз*(Етимологічний словник 1:472)와 달리, 러시아어 *тыква*는 인도유럽어 중 하나에서의 차용설이 불확실하게 제기된 상태이다(Фасмер IV:130-131).

3) 유구상(1970:573)은 '외래어'를 '귀화어'와 '차용어' 두 가지로 나누고, "완전히 동화해서 고유어와 다름 없이 되는" 것을 귀화어라 명명했다. 위의 '고유 외래어'를 귀화어와 같은 개념으로 볼 수 있겠다.

쪽 구성요소는 공통슬라브어 시기에 편입되었고(Фасмер IV:346), 오른쪽 구성요소는 고대 스칸디나비아어에서 차용된 것으로 여겨진다(Фасмер IV:573; Етимологічний словник 6:565-566). 그러나 1940년대에 영국군의 군사기술 슬랭으로서 *black box*라는 영어 용어가 생겨나지 않았다면(Galloway 2011:4), 러시아어 단어 *чёрный*와 *ящик*이 차량이나 항공기에 설치되는 특정 장치의 명칭 또는 컴퓨터 시스템 용어로서 결합되기는 어렵고, 단지 자유결합된 연어로서 '검은색 상자'만을 지칭했을 것이다. 다른 예로는 *roadmap* '로드맵'을 들 수 있다. 이 단어의 일차적 의미는 '도로 지도'이지만, 이차적 의미는 '로드맵', '청사진'이다. 후자로 어의가 확장된 것은 1940년대이나, 1980년대 초까지는 드물게 사용되고, 1987년 모토롤라사(社)의 기술 로드맵(Technology roadmap)에 관한 연구 발표 이후로 쓰임이 폭발적으로 늘었다고 한다(Miles 2009:12). 이에 대응되는 러시아어 어휘는 *доро жная карта*인데, 일차적 의미와 이차적 의미 모두 영어와 일치한다. 그런데 일차적 의미로 쓰였을 때 이 어휘소가 *roadmap*의 번역차용어라고 주장하는 것은 지나치겠으나, 이차적인 의미로의 확장은 영어의 영향을 받았을 것이라고 짐작할 수 있다.[4] 러시아국가말뭉치에서 *дорож*

---

4) 유승만(2010:157-158)에서는 20세기 초에 '비행사'라는 의미로 영어 *pilot*에서 차용된 단어 *пил от*에 20세기 후반에 '시험, 실험'이라는 뜻이 추가되어 이차 차용현상이 이루어졌다고 지적한다. *п илот*은 *чёрный, ящик, дорожный, карта*와 달리 귀화어나 고유어가 아니어서 이차 차용이

*ный*와 *карта*의 간격을 1로 제한하고 검색했을 때,5) 1840년대 문헌부터 모두 128건의 문헌이 검색된다. 검색결과는 작성연도에 따라 역순으로 정렬되는데, 그중 이 어휘소가 '로드맵'이라는 의미로 사용된 가장 이른 문헌은 2003년의 116번이며,6) 117번~128번까지는 '도로 지도'의 의미로만 사용된다. 이상의 정보를 바탕으로 '로드맵'으로 어의가 확장된 것이 빨라야 20세기 후반일 것으로 추정하고 구글에서 검색기간을 1999년 12월 31일까지로 제한하고 검색한 결과, 대부분의 자료가

일어난 경우 판별이 용이할 것이다. 그런데, 이 연구에서는 *пилотный проект* '시범사업', *пилотное исследование* '예비연구'을 예로 제시하며, *пилот*에 '시험, 실험'이라는 의미가 이차적으로 차용된 뒤 형용사 파생어 *пилотный*가 생성되어 'опытный, пробный; экспериментальный'라는 의미를 지니며 '조종사의'와 동음이의어 관계에 있는 것으로 설명한다. 다시 말해, *пилотный*가 이차 차용과 그 파생의 결과로 생성된 어휘소인 것은 맞지만, 이 단어가 *проект, исследование*와 아마도 자율적으로 결합하는 것으로 이해하는 듯하다. 그러나 본고에서는 위의 두 예를 영어 합성어 *pilot project*와 *pilot srudy*가 전자는 음차, 후자는 음차+번역차용된 것으로 본다. 물론 *пилотный*가 '시험의, 실험의'라는 뜻으로 러시아어 어휘에 성공적으로 정착된다면 생산성을 부여받게 될 수 있음은 부인하지 않는다. 다만 여기서 제시된 예시에 한해서는 다어절 어휘소 전체가 하나의 유닛으로서 파생의 산물로 해석되어야 한다.

5) https://processing.ruscorpora.ru/search.xml?lang=ru&sort=i_grtagging&lex1=%D0%B4%D0%BE%D1%80%D0%BE%D0%B6%D0%BD%D1%8B%D0%B9&env=alpha&startyear=1800&lex2=%D0%BA%D0%B0%D1%80%D1%82%D0%B0&max2=1&text=lexgramm&sem-mod2=sem&sem-mod2=sem2&sem-mod1=sem&sem-mod1=sem2&level1=0&level2=0&api=1.0&mode=main&parent1=0&nodia=1&min2=-1&endyear=2019&parent2=0&p=11 (검색일: 2020.11.20.)

6) 또한 1번~116번 문헌에서 '로드맵'의 의미로 사용된 경우에는 비유적인 의미를 지니거나 고유명사로 쓰였음을 나타내기 위해 대부분 꺾쇠 안에 쓰였다(《дорожная карта》).

1990년대 중후반에 작성된 것을 확인할 수 있었다.[7] *дорожный*는 고유어이고 *карта*는 표트르 1세때 차용된 단어이지만(Фасмер I:530; II:203), '로드맵' *дорожная карта*은 20세기 후반에 생겨난 신조어이고, 번역차용을 통해 어형성이 이루어진 것이다.

또 한 가지 원인은 합성어에 대한 시각차에 있는 듯하다. 영어에서는 *black box*처럼 2어절 또는 그 이상의 구성요소로 이루어진 어휘소가 합성어로 분류된다.[8] 반면, *чёрный ящик*과 같은 유형의 러시아어 어휘소는 합성어라기보다는 차라리 연어 또는 명사구, 때로는 심지어 관용어로 분류된다. 여기에서 합성어를 구성하는 하나하나의 요소를 차용하여 결합시킨, 다시 말해 개별 단어 층위에서뿐 아니라 어휘소 전체의 층위에서도 이중으로 차용한 어휘소가 연어 또는 관용어로 정의되는 일종의 괴리가 생겨난다. 또한 그 영향으로 외래어사전에는 다어절로 이루어진 어휘소가 전반적으로 누락된다.[9] 일반사전에서도 표제어에 일반적

---

7) 검색결과 화면상으로는 간혹 더 이른 시기의 문서도 보였으나, 직접 확인한 결과 본문 작성시기는 1990년대 이후였다. 구글 검색은 인터넷 사용확대 시기로 인한 한계를 보일 수 있다. 이를 보완하기 위해 같은 조건으로 구글도서에서 검색했을 경우, 1990년대 문헌에서 '로드맵'의 뜻으로 사용된 예는 용어사전을 제외하고 찾아보기 어려웠다.

8) 영어뿐 아니라 이탈리아어에서도 2어절 합성어가 인정된다. *carta regalo* '선물 포장지', *carta carbone* '먹지' 등이 합성어로 분류된다(Ackema & Neeleman 2005:308).

9) 예를 들어, *Словарь иностранных слов современного русского языка*(Егорова 2014)에는 10만 개 이상의 어휘와 표현이 수록되어 있는데, *арт-объект* '예술품', *арт-рок* '아트록' 등과 같은 하이픈 연결어는 일부 표제어로 등재되어 있지만, 2어절 이상의 어휘소는 배제되어 있다.

으로 합성어는 포함시키지만,10)11) 전문용어사전에서와 달리, 연어는 구성요소 중 하나를 핵어로 삼아 풀이말에 부표제어로 제시하거나 누락 시킨다. 20세기 말~21세기에 출간된 러시아어 외래어사전 5권에 새로 추가된 어휘가 673개밖에 되지 않는 것은(Воробьева 2009:178) 바로 이러한 문제 때문인 듯하다. 이 또한 일종의 괴리라 할 수 있겠다.

이에 본고에서는 차용과 합성이라는 두 요건을 동시에 만족시키는 어휘소를 연구대상으로 삼고자 한다. 우선 2장에서 영어 합성어의 유형을 살펴보고, 3장에서 영어 합성어 차용 결과 생성된 러시아어 어휘소의 유형을 정리하고, 특히 다어절 어휘소는 연어 또는 관용어로 규정하기 어

---

10) Nam(2013:20)은 영단어 Internet '인터넷' 차용과 더불어 *интернет-услуги* '인터넷 서비스', *интернет-связь* '인터넷 망', *интернет-публикации* '인터넷 출판', *интернет-программы* '인터넷 프로그램', *интернет-ресурс* '인터넷 자료'와 같은 *словосочетания*가 같이 차용 되었음을 지적한다. 그런데 이하의 절 "[Л]ексема заимствуется не как отдельная словарная единица, а как составляющая определенного сочетания."의 내용에 관해서는 부연의 여지가 있다. 'единица, составляющая определенного сочетания'는 본고에서도 관심을 기울이는 부분이지만, 이를 설명하기 위해 저자가 제시한 *Internet service* '인터넷 서비스', *Internet connection* '인터넷 접속'은 많은 영어사전에 합성어로서 표제어로 제시되어 있기 때문에 'отдельная словарная единица'라고 할 수 있다. 다만 러시아어 일반사전에 수록되어 있지 않아 'отдельная словарная единица'라고 하기 어려운 측면은 있는데, 이는 러시아어 사전편찬자들의 직무유기 탓이라고 할 수 있겠다. 이상에 제시된 러시아어 예시들이 본고 2.3에서 살펴볼 '하이픈 합성어'이기 때문에, 일정한 쓰임이 확보된 어휘들은 일반사전에도 수록되어야 마땅하다.

11) 그러나, 3.2에서 보겠지만, 등재 여부가 합성어를 판별하는 절대적인 기준은 아니기 때문에, '등재소(listeme)'라는 용어도 본고에서 다루는 유형의 어휘소를 지칭하기에는 적절하지 않다.

려움을 보일 것이다. 4장에서 마무리한다.

II. 영어 합성어의 유형

영어 합성어를 다양한 기준을 적용하여 분류하려는 시도는 꾸준히 있어왔다. 석종환(2011:122-124)에서는 기존 분류방식의 한계를 짚으며 크게 두 가지 방식으로 합성어를 나눌 것을 제안한다.12)

2.1. 성분들 사이의 의미적 관계에 따른 분류: 내심합성어와 외심합성어

합성어의 구성요소 내에 핵어가 존재하면 내심(endocentric) 합성어, 핵어가 없으면 외심(exocentric) 합성어로 나뉜다.13) 이때의 핵은

---

12) 이 연구의 서론(106-107)에서 저자는 기존 연구들의 합성어 분류 기준을 네 가지로 정리했다. 1) 구성 성분들의 형태에 따라 일차(primary)/어근(root) 합성어와 이차(secondary)/종합(synthetic) 합성어, 2) 문장 내 기능에 따라 합성명사, 합성형용사, 합성동사, 합성불변화사 등, 3) 성분들 사이의 의미적 관계에 따라 내심합성어와 외심합성어, 4) 성분들 사이의 통사적 관계에 따라 종속합성어, 한정합성어, 등위합성어. 여기에서 이차/종합/동사성 합성어란 핵어와 그 논항을 구성요소로 취하는 합성어를 말한다(조은정 2014:83).
한편, 두 가지 기준에 따른 분류방식을 설명함에 있어 석종환(2011)의 예시와 설명을 별도 페이지 표기 없이 포괄적으로 요약하여 덧붙였다.

13) 의미적 핵이 없는 경우 비유가 발생한 것으로 보아 비유적 합성어로 분류하기도 하며, 이는 다시

통사적 핵이 될 수도 있고, 의미적 핵이 될 수도 있다. 일례로 *bluebottle* '검정파리'의 경우, *blue*도 *bottle*도 의미적 핵이 아니지만, 통사적으로 N → AN 규칙에 따라 $[[blue_A][bottle]]_N$이 되므로, *bottle*이 통사적 핵이며, 따라서 통사적 핵이 합성어 내부에 존재하는 내심합성어로 볼 수 있다.

2.2. 성분들 사이의 통사적 관계에 따른 분류: 종속합성어, 한정합성어, 등위합성어

종속(subordinate) 합성어는 *chimney sweep* '굴뚝청소부'처럼 동사 *sweep*과 그 논항 *chimney*가, *taxi driver* '택시 운전사'처럼 동사 *drive*에서 파생된 *driver*와 그 논항 *taxi*가 결합된 합성어를 말한다. 한정(attributive) 합성어란 구성요소들이 수식어와 피수식어의 관계를 보이는 것으로, *steamboat* '기선'이 그 예이다. 등위(coordinate) 합성어는 구성요소들이 대등하게 연결되어 어느 쪽을 핵이라고 규정할 수 없는 합성어를 말하며, 핵이 여러 개일 수 있다. *student-teacher*와 같은 연결(copulative) 합성어와, *history teacher*와 같은 동격(appositive) 합성어로 다시 나눌 수 있다.

은유적 합성어와 환유적 합성어로 나뉜다. 자세한 내용은 김동환(2013)을 참조하시오.

여기에 본고에서는 쓰기 방식에 따른 분류를 2.3에, 어기(base)의 유형에 따른 분류를 2.4에 추가한다. 영어와 러시아어에서 어절 수가 합성어의 정의를 내림에 있어 중요한 차이를 유발하기 때문이다.

2.3. 합성어의 쓰기 방식에 따른 분류: 단어절 합성어, 하이픈 합성어, 다어절 합성어

합성어는 쓰기 방식에 따라 solid 합성어와 하이픈(hyphenated) 합성어, open 합성어로 분류될 수 있다. solid 합성어는 1어절로 이루어진 합성어를 가리키고, open 합성어는 중간에 공백을 포함하는 합성어를 말한다(Quirk et al. 1985; Rakić 2009:61에서 재인용).[14] solid 대신 closed가 쓰이기도 한다. 국내에서는 용어로 정착되지 않은 듯하고, 김영석(1998:240)에서 '떼어서', '하이픈을 써서', '붙여서' 등으로 언급하고 있다. 본고에서는 단어절 합성어, 하이픈 합성어, 다어절 합성어로 부르고자 한다.

중간에 공백이 있는 다어절 어휘소가 단어의 범주에 들어가는 합성어에 포함된 이유는, 말이 글에 우선하고, 그로 인해 여러 사전이나 문헌에

---

14) 러시아어로는 번역차용된 용어 открытая форма, дефисная форма, закрытая форма (сложных слов)가 통용된다(Яхина 2019:347). 그런데 이 용어들은 러시아의 영어학계에서 사용되며, 러시아어학계로는 전파되지 않은 듯하다.

서도 구어에서 통용되는 어휘를 기록하는 과정에서 통일된 견해를 갖지 못하기 때문이며, 형태적으로는 복합적일지라도 단어처럼 쓰이기 때문이다(Ryder 1994:12-14). Zakhtser(2019:126)가 정리한 것처럼, [명사—명사] 또는 [형용사—명사] 합성어가 "합성어의 구성요소 중 하나가 사라지면 그 의미가 불완전해지는 '합성 개념(compound concept)'을 표현"하는 하나의 덩어리로 취급되기 때문이기도 하겠다. Zakhtser가 제시한 예시 중에는 *Kievsky Vokzal* '(모스크바의) 키예프역'과 *British Rail* '영국국유철도'와 같은 고유명사가 포함되어 있다.

영어에서 새로운 합성어가 위의 세 가지 유형 중 어느 형태로 쓰이게 될지는 짐작하기 어렵고, 심지어 세 가지 방식이 혼용되기도 한다. 풀 (Poole 2020)은 영국국가말뭉치에서 *teapot* 240회, *tea-pot* 12회, *tea pot* 12회가 검색되고, 이와 달리 '티백'의 경우에는 *tea bag* 30회, *teabag* 14회, *tea-bag* 12회가 검색된다고 지적한다. 그에 따르면, 정립되지 않은 쓰기 방식이 혼재하는 이유는 통시적 변화 때문이며, 두 개의 개별 단어가 합성되는 과정에서 처음에는 다어절로 쓰이고, 하이픈이 추가되고, 더 나아가 1어절로 묶이게 된다.[15] 대체적으로 영국 영어에 비해 미국 영어에서 하이픈 합성어와 다어절 합성어의 수가 감소하는 추

---

15) 반면, Bauer(1998:69)는 한 사전에 *daisy wheel*과 *daisy-wheel*, *daisywheel*이 각각 대체표기로서 제시된 사례를 들며 여기에 어떠한 통시적 진행이 있었다고 보기 어렵고, 또한 처음부터 단어절로 쓰인 단어들도 있다고 지적한다.

세이며, 미국 영어의 영향을 많이 받는 영국의 청장년층도 이와 비슷한 경향을 보이고 있다고 한다. 그런데 2어절뿐 아니라 그 이상의 다어절 합성어가 끊임없이 생성되는 현대 영어에서 최종적으로 단어절 합성어로의 귀결이 가능할 것 같지는 않다. 저자가 설명하는 대로 *short-story writer*와 *short story writer* 중에서는 전자의 사용이 일반적이지만, *short-story*와 *writer*가 하이픈 합성어로 다시 연결되고, 종국에는 하이픈마저도 사라진 *shortstorywriter*의 쓰임이 일반화되는 상황이 올 것이라고 상상하기는 어렵다.

2.4. 어기의 유형에 따른 분류: 온전 합성어, 파생 합성어

합성어는 어기의 유형에 따라 온전(proper) 합성어와 파생(derivational/derivative) 합성어로 나뉜다.16) 온전 합성어는 "두 개의 개별적인 구성요소(stem)17) 또는 단어들이 결합하여 구성"되는 합성어로, *frostbite* '동상', *baby-sitter* '베이비시터', *ice cream* '아이스크림' 등이 이에 해당한다(Želvienė 2015:12). 파생 합성어는 "구성과

---

16) proper와 derivational/derivative compound를 지칭하는 한국어 용어를 국내 문헌에서 찾지 못하여 부득이하게 직접 번역하여 제시하였다.

17) stem은 일반적으로 '어간'으로 번역되고 또 단어절 합성어의 경우 어간이 그 구성요소가 되는 경우가 많으나, 다어절 합성어의 경우 어간으로 보기 어려워 '구성요소'로 옮겼다.

파생이라는 두 가지 동시적 과정에 의해 형성되는" 파생어를 말한다(Ма
лышева 2014:37). *holdup* '교통체증', *red-haired* '빨강머리의' 등
이 그 예이다. 전자가, 필요한 경우, 파생을 거친 온전한 구성요소들끼리
결합하는 반면, 후자는 두 구성요소가 결합한 이후에 파생을 겪는다. 위
에 든 예시에서 확인할 수 있듯이, 온전 합성어는 단어절 합성어, 하이픈
합성어, 다어절 합성어의 형태를 다 취할 수 있다. 온전한 형용사와 명사
를 구성요소로 취하는 다어절 합성어의 형태도 취할 수 있다는 점에 주
목할 필요가 있다.

III. 러시아어의 영어 합성어 차용

Градалева(2015), Рыжкина(2011), Яхина(2019), Zakhtser
(2019) 등과 같은 러시아 영어학자들의 연구에서는 [명사―명사] 또는
[형용사―명사] 구조의 어휘소가 합성어에 포함되어 소개된다. 그러나
러시아어학 연구자들의 연구에서 영어 다어절 합성어는 합성어가 아니
라 구나 연어 또는 관용어로 취급받고 있다. 예를 들어, Кудрявцева
(2010)는 영어와 러시아어의 인터넷 관련 전문용어를 비교하는데,
computer network '컴퓨터 네트워크', *network administrator* '네
트워크 관리자' 등을 [명사―명사] 구조의 연어로 규정하고 논의를 전개

한다.18) 영어 다어절 인명과 지명은 합성어로 분류되는데, Кузнецова (2017)는 영문학에 등장하는 인물들의 이름과 성을 연어 관계로 파악한 다.19) 다어절 어휘소에 대한 정의는 개별 언어학계마다 다르게 내릴 수 있다. 그러나 영어 다어절 어휘소를 영어학계에서 합성어로 규정하는데, 비슷한 구조의 러시아어 다어절 어휘소가 연어로 분류된다는 이유로 영어 합성어를 영어 연어로 단정하는 것은 문제가 있다. 차용모어인 영어 어휘소가 합성어인 것을 인지한 후 그것을 차용한 러시아어 어휘가 연어의 형태로 실현되는 것을 논의하는 것과, 영어 어휘소가 합성어라는 것을 모르거나 또는 인정하지 않고 논의하는 것은 전혀 다르다.

영어 합성어 차용으로 인해 러시아어 다어절 어휘소가 생성되는 사례에 관한 언급은 국내에도 있었다. 한현희(2016)는 *гуманитарная катастрофа* '인도(주의)적 참사', *гуманитарный коридор* '인도(주의)적 통로', *политика демонизации* '악마화 정책' 등의 정치부문 차용어의 예를 제시하고 있다. 그러나 전문용어 연구에서는 단어에 국한되지 않고 다양한 표현들의 대역어를 제시하거나 목록화하는 것이 일반

---

18) 이러한 경향은 인근 폴란드에서도 관찰된다. Borowiak(2009:18)은 어휘뿐 아니라 "명사와 형용사 등으로 형성된 전체 구까지 의미 그대로 폴란드어로 번역"한다며, 그 예로 *computer network* '*sieć komputerowa*/컴퓨터 네트워크'를 제시한다.

19) 차용어를 다루지는 않지만, 노브고로드 곳곳의 다어절 지명을 연구한 Иванова(2019)도 지명을 연어로 본다.

적이기 때문에 본고와는 연구 방향이 일치하지 않는다.20) 홍선희 (2019:16-17)는 본고에서 유용하게 활용할 수 있는 *blue screen of death/синий экран смерти* '블루 스크린', *memory card/карта памяти* '메모리 카드', *homepage/домашняя страница* '홈페이지', *smart TV/умный телевизор* '스마트 티브이', *flea market/блошиный рынок* '벼룩시장', *helicopter parents/родители-вертолеты* '헬리콥터 부모'21), *boomerang child/дети-бумеранги* '캥거루족' 등의 예시를 제시하고 있으나, 차용모어인 영어 어휘를 '관용구'로 정의하여 의문을 자아낸다. 영어 합성어의 분류 기준을 러시아어 합성어에도 적용하고자 시도한 이희숙(2010)의 연구는 본고와 관심사가 일정 부분 비슷한데, 선행연구들을 인용하여 *book cover* '책 표지', *laser printer* '레이저 프린터', *deep structure* '심층구조', *systems analyst* '시스템 분석가', *head waitress* '수석 웨이트리스' 등을 언급하면서도 합성어 유형을 분류하며 이러한 예시들을 내심적 합

---

20) 또한 위의 연구는 여러 구성요소가 결합하여 하나의 의미를 생성할 경우에도 구성요소 각각의 어원만을 따지며, 차용시기와 수용 정도, 대응하는 러시아어 고유어의 유무 등을 고려하지 않는 등의 한계를 보인다.

21) Рыжкина(2011:77)는 "유형의 명칭은 합성어"라는 일반화된 말을 인용하면서도 *helicopter parents*는 은유적 의미가 적기 때문에 합성어가 아니라 구라고 여긴다. 그러나 Benczes (2015:61-64)를 비롯한 많은 연구자들은 비유적 의미를 지니기 때문에 합성어로 분류한다. 본고에서는 이디엄성이 있다고 본다.

성어, 외심적 합성어, 동등격 합성어, 연계적 합성어에 포함시키지 않고 있다. 또한 러시아어 합성어의 경우 하이픈 합성어까지만을 다루고 있기 때문에 후속연구가 이어지지 않은 점이 아쉽다.

그 외에도 많은 연구가 어휘소의 특성이나 성격을 논하기보다 시기별 차용어를 정리하거나 그 뜻을 제시하는 데 그치고 있다. 이하에서는 영어 합성어의 차용 유형을 나누고, 특히 다어절 어휘소를 어떻게 정의할 수 있는지 고찰해 본다.

3.1. 러시아어의 영어 합성어 차용 방식

3.1.1. 차용양상에 따른 분류: 음성차용과 번역차용

주지하다시피, 파생모어의 원음을 살려서 차용하면 음성차용, 그 의미를 살려서 차용하면 번역차용으로 분류된다. 서론에서 예로 든 *дорожная карта*처럼 번역차용과 음성차용이 복합적으로 이루어질 수도 있다. 이에 대해서는 구체적인 언급을 생략한다.

3.1.2. 차용 어휘소의 외적 구조에 따른 분류: 단어절, 하이픈, 다어절 어휘소

차용 어휘소의 외적 형태에 따라 몇 가지 예시를 들어 보자. 예시는 Bo

робьева(2009), 유승만(2010), 이희숙(2010), 한현희(2016), 홍선희 (2019)에서 몇 가지를 인용하고, 본고에서 일부를 추가했다.

단어절	кикбоксинг '킥복싱', ноутбук '노트북 컴퓨터'
하이픈 연결	арт-шоу '아트쇼', драйв-ин '드라이브인' (이상 'В'), родители-вертолеты '헬리콥터 부모', дети-бумеранги '캥거루족' (이상 '홍')
명사-명사	карта памяти '메모리 카드' (이상 '홍'), политика демонизации '악마화 정책' (이상 '한'), стратегия выхода '출구전략'
형용사-명사	дебетная карта '직불카드', компьютерная система '컴퓨터 시스템' (이상 'В'), домашняя страница '홈페이지', умный телевизор '스마트 티브이', блошиный рынок '벼룩시장' (이상 '홍'), лазерный принтер '레이저 프린터' (이상 '이'), гуманитарный коридор '인도(주의)적 통로', интеграционный процесс '통합 과정' (이상 '한'), пилотный проект '시범사업', пилотное исследование '예비연구' (이상 '유'), чёрная пятница '블랙 프라이데이", домашний кинотеатр '홈시어터', материнская плата '마더보드'

영어 합성명사의 경우 [형용사—명사]보다 [명사—명사] 구성이 훨씬 생산적이다. 반면, 영어 [명사—명사] 합성어를 차용한 러시아어 어휘의 경우는 [형용사—명사] 구조가 더 일반적이다. 위의 예시에서는 명사 *laser, debit, computer, integration, flea, pilot, mother*가 형용사 *лазерный, дебетная, компьютерная, интеграционный, блошиный, пилотный/пилотное, материнская*로 품사가 전환 되어 사용되었다.

3.2. 러시아어 다어절 어휘소: 하이픈이 들어간 어휘소

단어절 어휘소에 대해서는 논란의 여지가 없다. 그러면 하이픈으로 연결된 어휘소와 [명사―명사], [형용사―명사]로 구성된 어휘소는 어떻게 볼 것인가. 이 문제는 사실 차용어와 별개로 다루어져야 하고, 다어절 차용어는 그 하위 범주로 취급되어야 한다. 그러나 러시아 언어학계에서는 하이픈이 들어간 어휘소에 대한 논의가 그다지 활발하지 않고, 연구자들 사이에 일치된 견해도 없다. 하이픈이 들어간 어휘소는 연어 또는 합성어로 분류된다.

하이픈이 들어간 어휘소를 연어, 특히 고정 연어로 보는 대표적인 사람은 *Орфографический словарь*의 편찬자인 로파틴(Лопатин 2012:5-6)이다. 로파틴은 고정 연어(устойчивые сочетания слов)예 예로 *дизель-мотор* '디젤 모터', *мюзик-холл* '뮤직홀', *уик-энд* '위크엔드', *яхт-клуб* '요트클럽' 등을 제시한다.

반면 Розенталь(2017:56-62)은 일부 합성 명사나 합성 형용사를 쓸 때 하이픈이 들어간다고 정리하고, 그 예시로 *премьер-министр* '총리', *тонно-километр* '톤킬로미터', *мать-и-мачеха* '관동화' 등을 제시한다. 보로비요바(Воробьева 2009:178)는 외국어에서 단어나 표현을 그대로 차용해 쓰는 바바리즘(варваризм)이 포함된 합성어의 예시로 *Internet-браузер* '인터넷 브라우저', *On-line-торговля*

'온라인 쇼핑' 등의 예를 들고 있다. Крысин(2010), Снегова(2011)도 하이픈이 들어간 어휘소를 합성어로 본다. 국내 연구자 추석훈(2004: 155-158)도 하이픈으로 연결된 어휘소를 합성어로 본다.[22] 이 연구에서 차용어가 다루어지는 것은 아니지만, *студент-филолог* '문학부 학생'처럼 두 구성요소가 각각 곡용하는 통사적 합성어와 *генерал-майор* '소장'처럼 오른쪽 구성요소만 곡용하는 어휘적 합성어를 구별해야 한다는 지적은 차용으로 인해 하이픈이 삽입된 어휘소가 형성될 경우에도 고려함이 마땅하다.

3.3. 러시아어 다어절 어휘소: 합성어, 연어, 관용어

연어와 합성어의 관계나 차이점, 구별 방식 등에 관한 논의는 러시아 어학계에서도 적지 않게 이루어지고 있다. 그러나 Маковей(2009)에 서는 이론적 접근을 시도할 뿐, 러시아어 어휘소에 그 기준을 적용하지 는 않는다.

영어의 경우에도 다어절 어휘소를 구가 아닌 합성어로 분류하는 기준이 명확하게 정립된 것은 아니다. 예를 들어, Bauer(1998)는 '통사적 구조

---

22) 그러나 동일 유형의 어휘소를 지칭할 때 '합성명사구'와 '합성어', '합성명사'를 혼용하고 있어 용어 의 통일이 필요한 듯하다. '합성어'와 '합성명사'는 혼용이 가능하지만, '합성명사구'는 별도의 카테 고리를 형성하기 때문이다.

(syntactic construction)'와 합성어 사이에 명확한 경계가 존재하지 않음을 논증하는데, 이때 일반적으로 영어 합성어의 특성이라고 여겨지는 사전 등재 여부, 단어절 표기, 왼쪽 구성요소의 통사적 고립성 등에 대한 반례를 제시한다. 대신 그는 '이디엄화된 표현'을 합성어의 원형으로 본다 (81). Ryder(1994:15)는 여기에 더하여, 특히 [명사—명사] 합성어가 명명 장치(naming device)로 쓰이는 일이 많다고 정리한다. Lieber(2005:376)는 "강세, 철자, 어휘화된 의미, 첫 번째 구성요소(stem)의 곡용·대용·일치와 같은 통사적 과정으로의 불가용성, 첫 번째와 두 번째 구성요소의 분리 불가성"을 기준으로 '합성어성(compoundhood)'을 판단한다고 정리한다. 그러나 그 기준은 불안정하며, 위에서 열거한 각각의 조건들을 만족해도 구로 판별되는 경우 또한 적지 않다. 일군의 연구자들은 이를 '구 합성어 (phrasal compound)'라는 개념으로 설명하는데(376-377), 이 용어에서도 핵어는 결국 '구'가 아니라 '합성어'임을 확인할 수 있다. 위에서 열거된 대략적인 특징 이외에, 형용사 구성요소의 부사 수식 불가능성(김영석 1998:244)을 더할 수 있겠다.

러시아어에 대해 논의하기에 앞서, 이 문제에 관해 논의가 진전된 폴란드어학계를 잠시 들여다 보자. Cetnarowska(2018:290-291)에 따르면, [명사—형용사], [형용사—명사], [명사—명사 생격]으로 이루어진 다어절 어휘소[23]를 1) 명사구, 2) 합성어의 한 하위유형, 3) 구 어휘소(phrasal lexeme), 더 정확히는 구명사(phrasal noun)로 보는 시각이 있다. 다만 저자는 구 명사가 합성어의 구성요소가 될 수 있다고 본다(301). 그리고 폴란드어 온전(proper) 합성어에서 구성요소의 순서가 바뀌지 않으며 유의 관계에 있는 다른 단어로 대체도 되지 않는다고 정리한 Nagórko(2016:2834)를 인용하며(294), 형용사가 명사를 수식할 경우 두 구성요소의 순서가 바뀌는 것을 허용하는 예도 있다고 지적한다(296-297).[24]

영어와 투르크멘어 합성어를 비교한 Hudayberdiyeva(2019)의 내용을 간략하게 살펴보는 것 또한 도움이 될 듯하다. 이 연구에서 영어 차용어를 다루는 것은 아니지만, 투르크멘어 합성어에 영어 또는 러시아어 대역어를 병기해 두었다. 그에 따르면 투르크멘어 합성어는 대체적으로 단어절 어휘소의 형태를 띠고 있지만, *Murgap derýasy (река Мургап)* '무르갑 강'과 같은 고유명사는 다어절 합성어에 해당한다. 흥미로운 것은, *kädi (тыква)* '호박', *don (халат)* '칼라트', *ýol (дорога)*

---

23) 288-289쪽에 제시된 [형용사-명사]의 예는 이디엄성이 있는 *koński ogon* '포니 테일', *kwaśny deszcz* '산성비', *lwia paszcza* '금어초', *głuchy telefon* '옮겨 말하기 놀이' 등이다. [명사-형용사]의 예로는 *nazwa handlowa* '상호', *dział finansowy* '재무부', *panda wielka* '대왕판다', *niedźwiedź brunatny* '큰곰' 등이, [명사-명사 생격]의 예로는 *dzień dziecka* '어린이날', *nerwica serca* '심장신경증' 등이 제시되어 있다.

24) Cetnarowska 본인은 다른 연구(2019)에서 2어절 이상으로 이루어진 온전 합성어를 병치(juxtaposition), 다시 말해 구명사(phrasal noun)와 구별해야 한다고 주장한다. 그리고 폴란드어 온전 합성어는 정자법상 한 단어로 쓰이며, 드물게 하이픈 연결이 허용된다고 여긴다(287-288).

'길'과 같은 피한정사가 한정사와 결합될 경우, 고유명사가 아니어도 다어절 합성어로 분류된다는 점이다. 그 예로 제시된 *demir ýol (железн одорога)* '철도'는 *demir* '철'과 *ýol* '도로'의 [명사—명사] 구조를 띠고 있다.[25]

앞에서 보았듯, 러시아어에서 다어절 합성어는 인정되지 않으며, 연어나 구, 관용어 등으로 여겨진다. 여기에는 인명, 지명이나 기관명, 고유명사 등도 해당된다. 러시아어에서 합성어는 한 단어로 이루어져야 하며, 하이픈으로 연결된 어휘소는 연구자에 따라 합성어로 보기도 하고, 연어로 보기도 한다. 그런데 이러한 견해를 러시아어의 특수성에 기인한다고 보기는 어렵다. 러시아어와 계통이 같은 폴란드어 연구자들 일부가 다어절 합성어의 가능성을 인정한다는 사실은, 러시아어에 대해서도 같은 시각을 가질 가능성을 준다고 할 수 있다.

여기에서 다음과 같은 석종환(2011:118)의 정리를 살펴보자. "통사적 과정이 단어들을 연결해서 구나 문장을 만드는 것이라면 합성어의 형성은 단어들을 연결해서 다른 단어를 만드는 과정이다. 단어를 연결한다는 점에서 합성어는 또한 통사적 특성을 갖는다고 할 수 있다. 그리고 단어들이 결합하여 또 다른 어휘를 형성한다는 점에서 어휘적, 의미적 특

---

25) 위의 예시는 모두 Hudayberdiyeva(2019:556, 558)에서 가져온 것이다. 한국어 뜻만 인용자가 추가했다.

성도 갖는다." 여기에 합성어가 기본적으로 하나의 의소를 갖는다는 점을 다시 한 번 주지시키고자 한다. 위에서 살펴본 차용어 중 특히 [형용사—명사] 어휘소를 합성어로 볼 수 있다고 가정한다면, 통사적으로 내심합성어, 통사적 관계에 따라서 볼 때는 한정합성어, 형식적으로는 다어절 합성어, 어기의 유형에 따라서는 온전 합성어로 분류될 수 있다.

다어절이기 때문에 합성어일 수 없다면, 연어나 관용어로 보는 것은 타당한가? 관용어로 볼 수 있을 것인가? 다어절 어휘소가 때로 관용어로 취급되는 것은 비유적인 의미를 갖는 경우가 있기 때문일 것이다. 영어 합성어 연구에서는 핵이 합성어의 구성요소 밖에 있는 외심적 합성어를 비유적 합성어로 본다. 이디엄성이 관용어 고유의 특징은 아닌 것이다. 특히 영어 다어절 합성어 다수가 이디엄성을 띠면서 동시에 지시 또는 명명 기능을 수행한다는 점을 고려할 필요가 있다. 러시아어의 경우에도, *домашняя страница* '홈페이지', *домашний кинотеатр* '홈시어터', *материнская плата* '마더보드'와 같은 명칭에서 비유적 작용이 일어났음을 확인할 수 있지만, 이러한 어휘소를 관용어 또는 숙어로 정의하기는 어렵다. 첫째, 비유적 작용이 러시아어 화자들의 언어의식 속에서 일어나지 않고 외래에서 이식되었고, 둘째, 차용모어에서도 이러한 유형의 명명은 소수의 전문가 집단 사이에서 붙여져 유포되는 경우가 많기 때문이다. 러시아어에서도 영어에서도 관용적으로 쓰이지 않았다면, 비유적인 의미를 지니고 비분절적으로 사용되었다고 해도 관용어로 보기 어려울 것이다.

본고에서 다루는 다어절 어휘소를 관용어보다는 연어, 특히 명사구로 보는 것이 일반적인데, 임근석(2010:15-19)이 정리한 고정결합 연어의 특징과 비교해 보자. 1) 연어는 자유결합과 달리 구성 전체가 단일한 어휘적 혹은 문법적 어의(sense)를 갖는다. 2) 연어의 구성요소는 자유결합에 비해 제약적인 결합을 한다. 3) 연어는 적어도 하나의 구성요소의 의미가 투명한데, 관용표현의 구성요소의 의미가 모두 불투명하다. 첫 번째 특징은 다어절 어휘소와 연어에 모두 해당되고, 두 번째에 대해서는 [형용사—명사]가 통사적 원자(syntactic atom)로서 단어성(wordhood)를 지닌다는 차이가 있다는 김진형(2013:195)의 지적으로 반박할 수 있다. 다시 말해, 합성어의 구성요소들을 분리하거나 하나만 떼어서 언급할 수 없다. 러시아어의 경우에도 이 특징이 적용되지만, 어순 바뀜이 때로 허용된다는 결정적인 차이가 있다. 예를 들어 영어 *mother board* '마더보드'는 *board mother*로 어순이 바뀔 수 없지만, 러시아어에서는 *материнская плата*와 *плата материнская*가 다 허용된다. 세 번째 특징은 의미적 핵이 합성어 밖에 있는 외심(적) 합성어, 비유적 합성어의 경우 모든 구성요소의 의미가 불투명할 수 있다는 점에서 일치하지 않는다. 또한 Cetnarowska(2018:290-291)가 지적한 것처럼, 연어는 구성요소를 다른 어휘로 대체하거나 구성요소들 사이에 다른 요소를 끼우는 것이 가능하지만, 합성어는 그것이 불가능하다. 결국, 다어절 어휘소를 관용어나 연어로 정의하기에 부족하거나 부합하지 않는 점이 있다는 것을 알 수 있다.

IV. 결론

이상에서 영어에서는 다어절로 구성된 어휘소도 합성어로 분류되는데 반해 러시아어에서 다어절 어휘소는 연어나 구, 관용어로 취급되기 때문에 차용의 결과 생성된 어휘임에도 차용어로 인정되지 않는 사례가 있음을 살펴보았다. [형용사—명사], [명사—형용사], [명사—명사]의 구조를 취하는 영어 다어절 합성어의 각 구성요소를 러시아어에서는 번역차용, 음성차용, 또는 번역차용+음성차용하여 신조어를 만들어내는 경우가 있다. 그런데 각 구성요소가 러시아어에 최근에 새로이 편입된 어휘가 아닐 경우, 최신 과학기술과 문명의 발달로 인해 인류가 새로이 향유하게 된 문물이나 기술 등의 명칭이 신조어로 인정받지 못하는 경우가 발생하게 된다. 또한 기존의 어휘소를 활용할 경우 2차 차용이라는 흥미로운 현상이 발생할 수 있는데, 그러한 사례들도 주목받지 못하게 된다. 따라서 본고에서는 어휘소에 부분적 혹은 전체적인 2차 차용이 일어나는 경우에도 차용을 통해 신조어가 형성된다고 보아야 함을 주장했다.

다음으로는 영어와 러시아어 학계에서 합성어에 대한 인식이 다르다는 점을 보였다. 이를 위해 영어 합성어를 네 가지 기준에 따라 나누었다. 이때 러시아어에서는 합성어 내 공백을 허용하지 않는 반면, 영어에서는 공백이 있는 다어절 어휘소도 합성어로 분류함을 확인할 수 있었다. 두 개의 개별적인 형용사와 명사, 또는 명사와 명사가 그 형태를 온전히 유지하며 공기할 때, 연어가 아니라 합성어로 분류되는 다어절 어휘소가 존재하는 것이다. 학계마다 개념을 다르게 정의하는 것은 자연스럽다. 그러나, 예를 들어, 단락, 문장, 차용어와 같은 개념은 보편적이다. 영어 다어절 합성어를 다룬 국내외 다수의 러시아어 연구자들이 영어 합성어를 합성어가 아니라 연어나 관용어로 규정한 사실은, 역설적이게도 합성어에 대한 개념이 보편적인 것으로 인식되고 있음을 입증한다고 할 수 있다.

본고에서는 영어 합성어 차용의 결과물로 생성된 러시아어 어휘소도 합성어여야 한다고 주장하는 것은 아니다. 다만, *black box*와 그 차용어인 *чёрный ящик*처럼 [형용사—명사]의 통사적 구조가 두 언어에서 일치함에도 불구하고, 한 언어에서는 합성어로, 다른 언어에서는 연어나 관용어로 다르게 분류하는 현상에 주목할 필요가 있다고 주장하는 바이다. 그리고 영어 다어절 합성어를 차용한 러시아어 어휘소가 대체로 지시 또는 명명 기능을 지닌 단일한 의소를 가질 경우, 마찬가지로 합성어로 볼 수 있을 것인지 고민해 볼 필요가 있다고 제안한다. 본고에서 다른 유형의 다어절 어휘소는 연어나 관용어로 받아들이기 어려운 특징이 명백히 있기 때문이다.

공백을 포함한 어휘소, 다시 말해 2어절 이상의 어휘소가 합성어를 형성하는 것은 비단 영어에 국한된 일은 아니다. 국립국어원의 『표준국어대사전』의 경우, 띄어 쓸 수도 붙여 쓸 수도 있는 표현에는 기호 ^를 활용한다. 「일러두기」에서 예시로 성격^묘사(性格描寫)를 드는데,[26] 붙여 쓴 '성격묘사'와 띄어 쓴 '성격 묘사'는 둘 다 합성어이다. 1어절이기 때문에 전자를 합성어, 2어절이기 때문에 후자를 연어로 나누어 보는 것은 타당하지 않다. 본고에서는 본문과 각주를 통해 폴란드어, 이탈리아어, 투르크멘어 등에서도 다어절 어휘소가 합성어로 분류되는 사례가 있음을 보였다. 영어 다어절 합성어의 경우도 연어나 구와 다름을 인정받기까지 한 세기 가까운 논란을 겪었다. 러시아어의 다어절 어휘소에 대해서도 관점의 변화를 기대해 볼 수 있다.

한편, 본고에서는 영어와 러시아어 다어절 어휘소를 비교, 대조하기 위하여 영어 차용어를 대상으로 한정하여 논의를 진행하였다. 이는 논의의 촉발을 위한 고려였다. 인명, 지명, 기관명 등의 고유명사 외에 동물명과 식물명 등 러시아어 보통명사에 대해서도 논의의 확장이 가능하며, 차용어나 고유명사라는 특수한 어휘 그룹 이외에 보통명사에까지 논의

---

26) https://stdict.korean.go.kr/help/popup/entry.do (검색일: 2021.1.11.)

가 확장된 이후에야 비로소, 본고에서 다루는 유형의 다어절 어휘소의 성격을 규명하는 일이 가능할 것이다. 이에 대해서는 후속연구가 필요하다.

참고문헌

1차 자료

국립국어원 표준국어대사전. https://stdict.korean.go.kr/main/main.do (검색일: 2021.1.11.)

Егорова, Т. В. Словарь иностранных слов современного русского языка. М.: Аделант, 2014.

Етимологічний словник української мови. В 7 т. Т. 1: А–Г/ гол. ред.: О. С. Мельничук. К.: Наукова думка, 1982.

Етимологічний словник української мови. В 7 т. Т. 4: Н–П/ гол. ред.: О. С. Мельничук. К.: Наукова думка, 2003.

Етимологічний словник української мови. В 7 т. Т. 6: У–Я/ гол. ред.: О. С. Мельничук. К.: Наукова думка, 2012.

Национальный корпус русского языка. https://ruscorpora.ru/ (검색일: 2020.11.20.)

Фасмер М. Этимологический словарь русского языка. В 4 т. / Пер. с нем. и доп. О. Н. Трубачева. 2-е изд., стер. М.: Прогресс, 1987.

2차 자료

김동환. "개념적 혼성에 입각한 은유적 합성어의 의미구성 탐색." 언어과학연구. 64 (2013): 1-24.

김영석. 영어 형태론. 한국문화사, 1998.

김진형. "구절합성어 재고: ANN 연쇄를 중심으로." 영어학. 13(1) (2013): 187-207.

석종환. "영어합성어의 분류." 현대영미어문학. 29(4) (2011): 105-126.

유구상. "외래어에 관하여." 한글. 146 (1970): 563-582.

유승만. "현대러시아어어에 나타난 언어변화: 차용어를 중심으로." 노어노문학. 22(3) (2010): 147-163.

이윤자. "학술용어로서의 차용어와 외래어의 용어 구분 문제 연구 ―선행연구로 본 용어 정의의 검토와 제안을 중심으로―." 문화와 융합. 39(5) (2017): 885-922.

이희숙. "합성어에 대한 일고: 영어와 러시아어를 중심으로." 언어학 연구. 16 (2010): 225-243.

임근석. 한국어 연어 연구. 도서출판 월인, 2010.

조은정. "영어 합성 명사 nose candy의 의미 구성 분석: 개념적 혼성 이론을 중심으로." 담화와 인지. 21(2) (2014): 81-107.

추석훈. "러시아어에서의 무격성(Caselessness) 연구." 노어노문학. 16(1) (2004): 145-168.

한현희. "정치언어로서 러시아어 차용어의 수사적 사용 의미와 통번역 교육." 통번역학연구. 20(1) (2016): 197-228.

홍선희. "개념의 차이: 러시아 차용어를 중심으로." 노어노문학. 31(2) (2019): 3-28.

Ackema, Peter & Neeleman, Ad. "Word-Formation in Optimality

Theory," Handbook of Word-Formation. Štekauer, P. and R. Lieber (eds.). Springer Science & Business Media, 2006, 285-313.

Bauer, Laurie. "When is a sequence of two nouns a compound in English?," English Language & Linguistics 2(1) (1998): 65-86.

Benczes, R. "Are exocentric compounds really exocentric?," SKASE Journal of Theoretical Linguistics 12(3) (2015): 54-73.

Borowiak, Anna. "폴란드어의 차용 어휘 연구." 동유럽발칸학. 11(1) (2009): 3-36.

Cetnarowska, Bożena. "Phrasal Names in Polish: A+N, N+A and N+N Units," The Construction of Words: Advances in Construction Morphology. G. Gooij (ed.). Springer, 2018. 287-313.

_____. "Compounds and multi-word expressions in Polish," Complex Lexical Units. De Gruyter, 2019. 279-306.

Galloway, Alexander. "Black Box, Black Bloc," Communization and Its Discontents: Contestation, Critique, and Contemporary Struggles (2011): 238-249.

Halle, M. & Mohanan, K. P. "Segmental Phonology of Modern English," Linguistic Inquiry 16 (1985): 57-116.

Hudayberdiyeva, Gulshat Saparbayevna. "The Contrastive Analysis of Compound Words in English and in Turkmen," Science Time 3(15) (2015): 555-559.

Lieber, Rochelle. "English Word-Formation Processes: Observations, Issues, and Thoughts on Future Research," Handbook of Word-Formation. Štekauer, P. and R. Lieber (eds.). Springer Science & Business Media, 2006, 375-427.

Miles, Ian. Practice on Roadmapping. Prepared on the Basis of the Module 2: Technology Foresight Training — a Specialized Course on Roadmapping 17-21 November 2008. Vienna: United Nations Industrial Development Organization Vienna International Centre, 2009.

Nagórko, A. "Polish," Word-Formation: An International Handbook of the Language of Europe. Muller, P. O., I. Ohnheiser, S. Olsen, F. Rainer (eds.). Mouton De Gruyter, 2015. 2831-2852.

Nam, Hye Hyun. "Некоторые размышления о заимствованиях в современ ном русском языке в плане нормы и нормализации," 유럽사회문화. 10 (2013): 113-141.

Poole, Brian. "One Lump or Two? A Discussion of Solid, Hyphenated and Open Compounds," English Today 141 36(1) (March 2020): 51-54.

Quirk, Randolf & Greenbaum, Sidney & Leech, Geoffrey & Svartvik, Jan (eds.). A Comprehensive Grammar of the English language. London & New York: Longman, 1985.

Rakić, Stanimir. "Some Observations on the Structure, Type Frequencies and Spelling of English Compounds," SKASE Journal of Theoretical Linguistics 6(1) (2009): 59-83.

Ryder, Mary Ellen. Ordered Chaos: The Interpretation of English Noun-Noun Compounds. University of California Press, 1994.

Zakhtser, E. M. "An Introduction to Teaching English Compound Nouns in EFL," Гуманитарные науки. Вестник Финансового университ ета 9(6) (2019):125-132

Želvienė, Inga. Exocentric and endocentric compound nouns in Ian McEwan's novel Amsterdam and its Lithuanian translation: derivational structure and semantics. Master's Thesis. Lithuanian university of educational sciences. 2015.

Воробьева, С. В. "Грамматическая ассимиляция новейших англицизмов в русском языке," Вестник Минского государственного лингви стического университета. Сер. 1. Филология 5(42) (2009): 178-186.

Градалева, Е. А. "Способы разграничения сложных слов и словосочетан ий английского языка," Вестник ТГПУ 163 (2015): 15-20.

Жайворонок, В. В. Українська етнолінгвістика: Нариси. Київ: Довіра, 2007.

Иванова, О. В. "Материалы к созданию словаря нижегородских имен собственных в аспекте культуры речи," Филология и культура 4(58) (2019): 30-37.

Крысин, Л. П. "О некоторых новых типах слов в русском языке: слова −«Кентавры»," Вестник Нижегородского университета им. Н. И. Лобачевского 4(2) (2010): 575-579.

Кудрявцева, И. Г. Особенности формальной структуры и семантически е характеристики терминологических словосочетаний (на мате риале английской и русской специальной лексики научно−техн ическрй области ≪Интернет≫). Автореферат диссертации на соискание ученой степени кандидата филологических наук, Мо сковский государственный областный университет, 2010.

Кузнецова, М. В. "Современные антропонимические конструкции и их

функции в тексте на примере произведений Дж. Роулинг ≪Гар
ри Поттер и философский камень≫ и ≪Гарри Поттер и тайная
комната≫," Научный журнал КубГАУ 127(03) (2017): 1-9.

Лопатин, Владимир. "Предисловие," Слитно, раздельно или через дефи
с? Орфографический словарь. М.: Эксмо, 2012. 5-7.

Маковей Р. Г. "Соотношение сложного слова и словосочетания," Вестн
ик ХНАДУ 45 (2009): 7-13.

Малышева, Н. В. Лексикология английского языка : учебное пособие.
Комсомольский-на-Амуре: ФГБОУ ВПО ≪КнАГТУ≫, 2014.

Розенталь, Дитмар. Русский язык. Орфография и пунктуация. Litres,
2017.

Рыжкина, Е. В. "«Проблема stone wall» в неологическом описании,"
Вестник МГЛУ 21(627) (2011): 71-81.

Скопненко, О. I. & Цимбалюк, Т. В.(2006). "Передмова," Сучасний
словник іномовних слів. Київ: Довіра, 2006. 3-8.

Снегова, Е. П. "О лексикографическом представлении сложносоставны
х слов с иноязычным компонентом," Вестник Нижегородского
университета им. Н. И. Лобачевского 6(2) (2011): 643-646.

Яхина, А. М. "Особенность акцентуации сложных слов при обучении
английскому языку в высшей школе." Современные проблемы
филологи и методики преподавания языков: вопросы теории и
практики: Сборник научных трудов / Под ред. Е.М. Шастино
й, В.М. Панфиловой. Елабуга, 2019. 345-350.

Abstract

This paper demonstrates that a group of borrowed words from English into Russian forms syntactic constructions of Adjective+Noun, Noun+Adjective, and Noun+Noun. Multi-word units, formed as a result of borrowing, should be classified as neologisms. For example, the left stem of the lexeme дорожная карта 'roadmap' is a native word, whereas the right stem – a calque from 18th century. However, when the lexeme as a whole means 'plan', the expression is a neologism, formed by secondary borrowing in the 20th century.

Also, this paper argues that the concept of 'compound word' is accepted differently among English and Russian linguists. In Russian, compounds are written as one word or connected with a hyphen. Whereas in English, there exist open compounds, i.e. multi-word units with space. As a result, black box is regarded as a compound and its Russian counterpart чёрный ящик classified as collocation or even an idiom, although they have the same semantic and syntactic construction. This type of multi-word expression differs from collocations or phraseological units. The author argues that Russian and English multi-word units have similarities and differences, and demonstrate the possibility of reinterpretation of Russian multi-word lexemes as compounds.

Key words: English language, Russian language, borrowed word, compound word, collocation, multi-word unit, neologism

주제어: 영어, 러시아어, 차용어, 합성어, 연어, 다어절 어휘소, 신조어

빅데이터를 활용한 러시아 블라디보스톡 관광인식 분석

김보라(경상국립대학교 러시아학과 교수), 김화경[*]

Ⅰ. 서론

오늘날 소셜미디어의 사용이 증가하고 사용자들의 데이터베이스를 바탕으로 기업의 전략, 마케팅 등을 수립하면서 빅데이터는 유통, 외식, 쇼핑, 관광 등 전 분야에서 다양하게 활용되고 있다. 소셜미디어는 여행자들을 위한 정보의 출처로 점점 더 중요한 역할을 하고 있으며 여행자들은 여행 계획을 세우기 위해 온라인 리뷰 및 추천 등에 점점 더 의지하

* 경상국립대학교 러시아학과 3학년(학생연구원)

고 있다. 최근에는 관광목적지의 연관어 분석 등으로 관광객들의 관심사, 형태, 감정 및 태도 등을 분석하는 연구 등이 이루어지기 시작하였으며, 이를 통한 새로운 정보 및 트렌드 파악으로 향후 마케팅 방안으로 활용하기 위한 시도가 이어지고 있다.1)

관광산업에서도 빅데이터에 관한 연구와 활용에 대해 관련 기업과 정부까지 큰 관심을 보이고 있다. 빅데이터는 특성상 로그기록, 소셜, 위치, 소비, 현실 데이터 등 비정형화된 데이터 유형의 다양화로 맞춤형 관광서비스를 제공할 수 있는 여건을 마련해 준다. 자신의 관광경험에 대해 표출된 감정, 인식, 체험 결과 등의 수집과 분석이 가능해져 이용자별 특성과 선호를 고려한 맞춤형 서비스 제공이 가능하다. 고객의 트렌드를 정확히 안다는 것은 무엇보다도 중요하며, 정보들의 대부분은 모바일을 통한 데이터에서 비롯된다고 보아도 과언이 아니다.2)

세계 최대의 면적(1,709만 km²)을 가진 러시아는 유라시아 대륙 북부의 발트해 연안으로부터 태평양까지 널리 뻗어 있다. 이 광활한 영토 내에는 수많은 종(種), 다른 기후 조건, 끝없이 다양한 자연 풍경, 상이한 민족으로 이루어져 있어 여러 종교와 전통이 공존하고 있다. 러시아는

---

1) 류시영 외(2017)「소셜미디어에 나타난 강원도 관광에 관한 인식 연구: 빅데이터 분석을 중심으로」, 『관광연구저널』제 31집, pp. 50-51.

2) 변정우(2013)「빅데이터 관광에서 얼마나 활용될 수 있을까?」, 『웹진 문화관광』3월호, p.112.

세계 공연예술의 강국이며, 오페라와 발레는 러시아를 찾는 외래 관광객에게 가장 인기 있는 엔터테인먼트의 대상이다. 그리고 러시아의 자연은 생태관광의 발전에 있어 많은 잠재력을 가지고 있어 발전전망이 크다. 이처럼 러시아는 세계 유수의 레크리에이션 및 관광 자원의 보고이며, 관광 목적지로서의 속성을 상당 부분 갖추고 있다.3) 러시아는 서방국가와는 다른 고유한 특성의 문화와 전통, 풍부하고 비길 데 없는 문화유산과 관광자원을 갖고 있으므로 러시아를 세계의 매력적인 관광목적지로 선택하는데 손색이 없지만, 서방국가와는 달리 러시아 정부의 관광에 대한 인식 부족, 엔터테인먼트 비즈니스의 미발달, 관광홍보 전략의 취약, 관광인프라의 부족, 체계적인 관광 루트의 미개발 등은 러시아 관광 활성화의 장애요인으로 작용한다.4)

한국인의 대 러시아 관광과 러시아인의 한국 관광은 1991년 양국의 수교 이후 완만하게 증가 추세를 보이고 있다. 한국인의 러시아 관광자 수는 2005~2008년 기간 동안 겨우 연평균 11만 2천명 선을 유지하고 있는 반면에 러시아인의 한국관광자 수는 2007~2009년 기간 동안 연평균 13만 8천명 선을 유지하고 있다.5) 이와 같이 한국인의 대 러시아

---

3) 김계식(2006)「관광지 경험 유도정서에 관한 연구」, 『경영교육연구』 제 43집, p.359.

4) 박정선(2013)「한국인의 러시아 관광동기와 관광목적지 이미지 상호 관련성 분석에 관한 연구」, 『경영교육연구』 제 28권 제 6호, p.358.

5) www.e-unwto.org/doi/pdf/10.18111/9789284413935 (WTO Tourism Statistics,

관광이 저조한 것은 한국인의 러시아에 대한 인식의 부족, 관광정보의 취약 등에 기인하는 것으로 보인다. 이와 같이 관광 인프라의 취약, 관광업 종사자의 자질 부족, 서비스 품질 등 요인으로 인하여 러시아의 관광산업이 활성화 되지 못하고 있는 실정이지만 러시아 정부와 업계의 관광산업의 중요성에 대한 인식이 높아짐에 따라 러시아 관광산업의 상태가 점차 개선되고 있다.6)

이러한 배경에서 본 연구는 최근 3년간 러시아 블라디보스톡 관광과 관련된 소셜미디어 게시글을 관광지, 쇼핑, 숙박, 맛집 등의 키워드를 기반으로 추출하고 사용빈도와 감성분석을 통해 관광트렌드를 분석하고자 한다. 소셜미디어의 자료수집은 데이터 수집 및 처리 프로그램인 TEXTOM을 활용하였다. TEXTOM은 web상의 다양한 데이터를 채널별로 자동 수집하여 정제, 매트릭스 생산까지 일괄처리해 주는 데이터 처리 솔루션이다. 또한 연관성과 정확도에 따라 추출된 데이터를 수집하고 다양한 주제에 대한 감성분석(sentiment analysis)과 오피니언 분석(opinion analysis)이 가능하여 텍스트 마이닝을 가능하게 해주는 한국어 최적화 빅데이터 분석 솔루션이다.7) 이에 본 논문에서는 빅데이

2011)

6) 박정선(2013)「한국인의 러시아 관광동기와 관광목적지 이미지 상호 관련성 분석에 관한 연구」, 『경영교육연구』 제 28권 제 6호, pp.360-361.
7) 변정우(2013)「빅데이터 관광에서 얼마나 활용될 수 있을까?」, 『웹진 문화관광』 3월호, p.114.

터를 활용한 단어빈도 분석과 감성분석을 바탕으로 COVID-19 이전의 러시아 블라디보스톡 관광인식을 분석하여 앞으로 포스트코로나 시대의 블라디보스톡 여행 상품을 어떻게 기획하는 것이 좋을지 제안하고자 한다.

II. 연구방법

1. 데이터 수집

빅데이터 처리 프로그램인 텍스톰(www.textom.co.kr)을 사용하여 다양한 키워드에 따라 어떤 데이터가 주로 수집되며 어떻게 분류를 정해야 할지 예비조사를 해준다. SNS에서 블라디보스톡을 검색하면 다양한 해쉬태그들과 게시물들을 볼 수 있다. 이러한 검색어를 통해 수집 키워드를 '블라디보스톡 여행', '블라디보스톡 숙소', '블라디보스톡 카페', '블라디보스톡 날씨', '블라디보스톡 킹크랩', '블라디보스톡 맛집', '블라디보스톡 자유여행'등으로 설정하여 텍스톰을 이용하여 키워드들의 검색량을 찾아본다. 이렇게 선별된 키워드 중 최근 일년간 (2020년 3월-2021년 2월) 블라디보스톡 맛집을 검색했을 때 나오는 검색량의 수는 약 330건, 블라디보스톡 여행을 검색했을 때 나오는 검색량의 수는 약

3,350건, 블라디보스톡 날씨를 검색했을 때 나오는 검색량의 수는 약 100건, 블라디보스톡 킹크랩에 대한 검색량은 약 200건, 블라디보스톡 곰새우에 관한 검색량은 약 80건, 블라디보스톡 카페에 관한 검색량은 약 40건, 블라디보스톡 자유여행에 관한 검색량은 약 30건이다. 20년 3월부터 시간이 지날수록 월간 검색량들이 갈수록 적어지는데, COVID-19의 확산세가 지속되면서 여행과 관련된 키워드의 검색량이 현저히 줄어드는 것을 〈표 1〉에서 확인할 수 있다.

〈표 1〉 Textom에서 검색량 비율이 낮은 키워드의 검색량 추이(2020.03-2021.01)

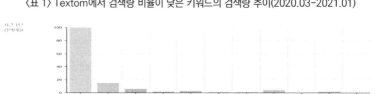

이렇게 여행과 관련된 검색량이 줄어들어 일별 검색량과 최근 1년간의 검색비율이 나타나지 않는 키워드들은 제외시키고 최종적으로 선정한 키워드는 1)블라디보스톡 여행, 2)블라디보스톡 맛집, 3)블라디보스톡 숙소이다.

<표 2> 데이터 수집을 위한 채널 선정

〈표 2〉는 본 연구의 데이터 수집채널을 보여주고 있다. 블라디보스톡 여행, 블라디보스톡 맛집, 블라디보스톡 숙소라는 3개의 키워드를 입력해주고 기간은 2017년 1월1일부터 2019년 12월 31일로 3년으로 설정해준다. 그리고 〈표 2〉에 나열된 채널 중에서 뉴스는 중첩된 기사를 피하기 위해 Naver에서만 설정을 해주고, Naver, Daum에서는 블로그와 카페, 그리고 구글에서는 페이스북, 유튜브, 트위터에서 수집리스트를 생성하도록 하였다. 그리고 각 연도별로 수집한 자료를 비교할 수 있도록 2017년, 2018년, 2019년 이렇게 개별적으로 설정하여 수집해주었다.

2. 정제 및 형태소 분석

수집된 텍스트의 대상언어인 한국어는 조사와 어미가 발달한 교착어로 단어가 아닌 형태소분석이 중요하다. 예를 들어 '블라디보스톡은 숙소도 좋다.' 라는 문장에서 어절단위로 분리시키면 '블라디보스톡은', '숙소도', '좋다' 라는 3분절이 될 것이다. 그러나 이렇게 되면 '숙소도', '숙소만', '숙소를', '숙소에서' 등의 조사가 바뀌기만 한 어절들이 각기 다른 단어로 인식되기 때문에 처리해야 할 단어 수가 기하급수적으로 늘어나게 된다. 즉 '블라디보스톡-은 숙소-도 좋-다'와 같이 형태소 단위로 분석하게 되면 처리해야 할 단어 수는 어절로 분리할 때보다 훨씬 적다. 또한 문장분리와 맞춤법, 띄어쓰기 교정의 정제과정을 거치는 것이 앞으로 진행될 감정분석의 정확도 향상에 도움이 된다.8) 따라서 본 자료들은 중복 자료 제거, 띄어쓰기 교정, 맞춤법 확인의 정제과정을 거쳤다.

정제과정을 마친 후에 한글을 분석하기 위해서는 형태소 분석기가 필요하다. 문장내 단어 등과 같은 요소의 품사(POS: Part-Of-Speech) 등의 속성을 파악하기 위해서이다. 현재 꼬꼬마, 코모란, 한나눔 등 다양한 한글 전용 형태소 분석기가 있는데, 본 연구에서는 MeCab을 이용한다. Mecab이 설치가 간편하고 실행속도도 빠르며 띄어쓰기와 상관없이 사전을 참조하여 어휘를 구분하기 때문이다.9) 분석 품사로는 모든 체언과 용언의 어근을 선택하여 분석을 해주었다. 이는 고려하는 품사의

---

8) 박현정외 (2018) 「CNN 을 적용한 한국어 상품평 감성분석: 형태소 임베딩을 중심으로」, 『지능정보연구』 제24집, p.72.

9) https://bookdown.org/ahn_media/bookdown-demo/clean2.html 참조(검색일:2021. 10.15.)

범위가 넓을수록 정확도가 높아진다라는 박현정 외(2018)의 연구결과에 바탕을 둔 것으로 내용어의 어근을 모두 포함시켰다.[10] 그 결과물로 〈표 3〉은 정제 및 형태소분석 이전의 원문데이터와 이후의 정제된 데이터를 비교한 것이다. 정제데이터에서 띄어쓰기 및 맞춤법 등의 오류가 나온 데이터는 다시 한번 수정하였다.

〈표 3〉 원문데이터와 정제, 형태소분석 이후의 데이터 비교

---

10) 박현정 외 (2018) 「CNN을 적용한 한국어 상품평 감성분석: 형태소 임베딩을 중심으로」, 『지능정보연구』 제24집, p.73.

3. 단어빈도 분석과 감성분석

본 연구에서는 정제된 자료를 가지고 단어빈도 분석과 감성분석을 행한다. 단어빈도 분석은 자료의 키워드를 찾아내는데 유용한 방법이다. 빈도는 각 단어가 기간별로 대상이 되는 자료 중 얼마나 많은 문서에서 등장했는지를 나타내며, 빈도가 높은 단어일수록 해당 기간의 주된 관심사가 됐을 것으로 볼 수 있다. 단어빈도 분석을 진행한 선행연구를 보면, 박준석 외(2016)의 연구에서는 평창올림픽 키워드 분석을 바탕으로 상위 단어들을 살펴보고 국민들이 SNS를 통해 어떤 분야에서 평창올림픽

에 대한 적극적인 참여가 이루어지고 있는지를 분석하였다. 이정학 외 (2017)의 연구에서는 호텔 관련 국제 논문 빈도 분석 결과를 통해 호텔 연구에 있어서 어떠한 주제들이 중점이 됐는지를 파악하였다. 본 연구에서도 이미 선별된 주제어에 따라 단어 빈도분석을 통해 한국 여행객들이 연해주 여행에 있어 어떤 점에 주된 관심사를 두었는지 파악하고자 한다.

감성분석(sentiment analysis)은 텍스트마이닝 분석의 한 분야로 특정 문서의 긍정, 부정에 대한 감정을 추측하고 분류하는 방법이다. 감성분석은 각 문서의 최소단위인 단어의 감성극성(sentiment polarity)에 기반을 두어 이루어진다.11) 감정분석의 방법은 크게 두 가지가 있다. 첫 번째는 기계학습(machine learning) 방법이다. 기계학습방법은 문서 내에 다양한 단어들의 출현 빈도에 기반을 두어 분류기를 학습시키는 기법이다. 두 번째 방법은 의미지향성(semantic orientation)이다. 이 방법은 긍정 또는 부정의 2개의 범주로 분류된 감정어휘사전을 통해 문서 내에 출현한 단어의 긍정, 부정의 값을 계산하는 기법이다. 이 기계학습 방법은 문장단위의 감정분석을 하는데 효율적이다. 문장의 긍정, 부정 또는 중립 감정을 직접 평가자가 판단하여 대량의 학습데이터를 구축하

---

11) 이상훈 외 (2016) 「영역별 맞춤형 감성사전 구축을 통한 영화리뷰 감성분석」, 『지능정보연구』 제 22권, p.99.

면 이를 바탕으로 기계가 빈도에 따른 연산에 기초 하여 문장의 감정을 자동분류 할 수 있도록 하는 것이다.[12] 본 연구에서는 수집된 자료에 감정어가 나타난 문장들을 선별하여 긍정, 중립, 부정을 평가해주고 약 5,000개의 감정분석 학습데이터를 만들어 주었다.

III. 연구내용

1. 주제별 단어 빈도분석

축적한 데이터를 바탕으로 선별된 주제어 '블라디보스톡 맛집', '블라디보스톡 여행', '블라디보스톡 숙소'에 대한 빈도수 분석 결과를 주제어에 따라 상위 10위까지 제시하면 아래와 같다.

---

12) 김보라(2018) 「텍스트의 긍정 부정 평가: 러시아 국립 코퍼스를 중심으로」, 『러시아학』 제17호, pp. 3-8.

〈표 4〉 키워드 '블라디보스톡 맛집'에 대한 상위 10위 단어빈도

순서	블라디보스톡 맛집					
	2017		2018		2019	
	단어	빈도	단어	빈도	단어	빈도
1	블라디보스톡	4157	블라디보스톡	3817	블라디보스톡	4968
2	맛집	3631	맛집	2807	날씨	3846
3	여행	1702	여행	1703	여행	2728
4	러시아	806	러시아	977	러시아	1171
5	수프	688	수프	309	정보	377
6	추천	433	블린	287	공항	309
7	후기	231	추천	275	자유	293
8	레스토랑	215	공원	227	한국	270
9	블린	205	해양	217	투어	269
10	버거	190	레스토랑	200	공원	237

〈표 4〉는 '블라디보스톡 여행'이라는 주제어에서 2017년, 2018년, 2019년에 대한 상위 10위의 단어 리스트이다. 2017년 단어 빈도분석 결과, '블라디보스톡 맛집'이 직접 포함된 단어를 제외한 상위권의 단어는 '수프', '블린', '버거'등의 음식과 관련된 단어가 출현하였다. 2018년의 '블라디보스톡 맛집'의 경우에도 2017년의 결과와 유사하게 음식과 관련된 단어가 도출되었다. 2019년의 '블라디보스톡 맛집'은 '날씨', '정보', '자유', '투어'등의 여행 관련 단어가 도출되었다. 결론적으로 2017년과 2018년의 기간에 '블라디보스톡 맛집'에 도출된 단어로 유추해볼 때, 초기에는 러시아 음식 종류가 여행객들의 주된 관심사였음을 알 수

있고, 2019년에 이르면 맛집이나 음식에 관한 단어보다는 여행이나 날씨, 자유투어 등 맛집과 투어가 동시에 충족되는 것에 관심사를 가졌음을 알 수 있다.

〈표 5〉 키워드 '블라디보스톡 여행'에 대한 상위 10위 단어빈도

| 순서 | 블라디보스톡 여행 | | | | | |
| | 2017 | | 2018 | | 2019 | |
	단어	빈도	단어	빈도	단어	빈도
1	여행	6003	여행	5895	블라디보스톡	6043
2	블라디보스톡	5288	블라디보스톡	5472	러시아	2458
3	러시아	1845	러시아	1966	여행	2181
4	유럽	403	자유	366	맛집	388
5	일정	382	공항	348	공항	366
6	자유	361	횡단	297	투어	297
7	공항	357	유럽	276	도착	270
8	크루즈	333	시베리아	275	유럽	267
9	투어	328	일정	271	연해주	255
10	횡단	287	호텔	258	자유	255

〈표 5〉는 키워드 블라디보스톡 여행을 바탕으로 2017년, 2018년, 2019년에 대한 상위 10위의 단어를 제시한 표이다. 2017년 단어 빈도 분석 결과, '블라디보스톡 여행'이 직접 포함된 단어를 제외한 상위권 단어는 '유럽', '일정', '자유' 등으로 나타났다. 2018년 '블라디보스톡 여행'

의 경우에는 '자유', '횡단', '공항' 등으로 도출되었다. 2019년 '블라디보스톡 여행'에서는 '맛집', '공항', '투어'의 결과가 도출되었다. 또한 2017년과 2018년에는 자유여행, 투어 또는 쿠르즈 등의 여행 테마에 관한 키워드와 여행 장소인 '하바롭스크', '시베리아', '연해주' 등의 단어가 상위 20권 내로 도출되었다. 결론적으로 2017년과 2018년에는 블라디보스톡 여행에서 방문자들은 시베리아 횡단 열차와 하바롭스크 등 블라디보스톡 주변 관광지에 관심이 많았음을 알 수 있다. 이와 반대로 2019년에는 온전히 블라디보스톡을 위주로 여행하며 맛집투어를 하는 여행 트렌드가 나타났음을 알 수 있다.

〈표 6〉 키워드 '블라디보스톡 숙소'에 대한 상위 10위 단어빈도

순위	블라디보스톡 숙소					
	2017		2018		2019	
	단어	빈도	단어	빈도	단어	빈도
1	숙소	4180	블라디보스톡	3404	블라디보스톡	3105
2	블라디보스톡	4137	숙소	3279	숙소	2708
3	여행	1729	여행	1412	여행	1477
4	호텔	928	호텔	835	호텔	578
5	러시아	768	러시아	662	공항	420
6	추천	715	추천	453	예약	390
7	에어비앤비	605	예약	431	도착	347
8	후기	478	공항	358	택시	288
9	예약	469	후기	352	게스트하우스	265
10	공항	432	에어비엔비	339	추천	239

〈표 6〉에서는 2017년 단어 빈도분석 결과 '블라디보스톡 숙소'가 포함된 단어를 제외한 상위 단어는 '여행', '호텔', '에어비엔비' 등 숙소와 관련된 키워드이다. 2018년의 경우에도 2017년과 유사하게 숙박시설 관련 단어가 상위 10위 내로 도출되었다. 그러나 지난 2년간의 단어빈도와 비교했을 때 2019년에는 '에어비엔비'가 상위 10위권 안에 들지 못했다. 즉 2017년 대비 2018년에 '에어비엔비'의 빈도가 줄어들고 2019년에 '에어비엔비'가 상위권에 들어가지 못한 것을 보아 블라디보스톡에서는 더 이상 에어비엔비가 선호되는 숙박형태가 아님을 알 수 있다. 오히려 에어비엔비의 대안으로 게스트하우스가 관심사가 되고 있음을 짐작할 수 있다.

2. 주제별 감정분석

수집된 데이터로부터 감성단어 빈도분석을 실시한 결과를 각 주제어에 따라 분석하였다. 감성 단어 빈도분석 결과 호감은 비호감보다 평균 70%라는 높은 비율을 나타내었으며 키워드별 도출된 단어빈도 중 '좋다', '추천', '괜찮다' 등 호감과 관련된 단어가 지속적으로 상위권을 유지한 것으로 이를 뒷받침 할 수 있다.

<표 7> 키워드 '블라디보스톡 맛집'에 대한 3년간의 상위 10위의 긍정 단어

블라디보스톡 맛집 긍정					
2017		2018		2019	
단어	비율(%)(빈도)	단어	비율(%)(빈도)	단어	비율(%)(빈도)
추천	22.25(426)	추천	17.88(281)	좋다	28.42(829)
좋다	15.93(305)	좋다	14.57(229)	추천	7.23(211)
기대하다	3.97(76)	최고다	4.39(69)	따뜻하다	4.77(139)
최고다	3.5(67)	기대하다	2.29(36)	최고다	3.39(99)
예쁘다	2.61(50)	전통적	2.1(33)	괜찮다	2.43(71)
괜찮다	2.25(43)	괜찮다	1.97(31)	예쁘다	2.33(68)
전통적	1.83(35)	고급스럽다	1.91(30)	시원하다	2.26(66)
감사하다	1.78(34)	즐겁다	1.84(29)	즐겁다	1.2(35)
친절하다	1.67(32)	감사하다	1.72(27)	감사하다	1.17(34)
즐겁다	1.57(30)	강추	1.72(27	편하다	0.93(27)

<표 8> 키워드 '블라디보스톡 맛집'에 대한 3년간의 상위 10위의 부정 단어

블라디보스톡 맛집 부정					
2017		2018		2019	
단어	비율(%)(빈도)	단어	비율(%)(빈도)	단어	비율(%)(빈도)
울다	1.31(25)	울다	1.91(30)	걱정하다	3.26(95)
아쉽다	0.99(19)	아쉽다	1.65(26)	울다	2.26(66)
힘들다	0.78(15)	별로	1.34(21)	힘들다	1.47(43)

별로	0.73 (14)	어렵다	1.02 (16)	안좋다	1.23 (36)
어렵다	0.68 (13)	힘들다	1.02 (16)	심하다	1.13 (33)
걱정하다	0.63 (12)	걱정하다	0.57 (9)	아쉽다	0.99 (29)
싫다	0.42 (8)	실망하다	0.57 (9)	별로	0.96 (28)
후회하다	0.42 (8)	무섭다	0.51 (8)	어렵다	0.62 (18)
포기하다	0.37 (7)	밉다	0.45 (7)	무섭다	0.51 (15)
불친절	0.31 (6)	후회하다	0.45 (7)	차갑다	0.48 (14)

〈표 7〉과 〈표 8〉에서 블라디보스톡의 맛집에 대한 감성평가가 3년간 어떻게 변화하였는지 알 수 있다. 〈표 8〉을 보면 2019년도가 다른 해와 다르게 부정단어의 빈도와 비율이 조금 더 크게 나왔다. 그리고 해를 거듭할수록 2019년의 부정 비율이 높게 나오고 부정단어 중에서도 '두려움'과 '거부감' 키워드에서 부정 빈도가 높게 나오고 있다. 〈표 7〉에서 2019년의 '좋다'가 다른 해에 비해 빈도가 높지만, 〈표 8〉에서 보이듯 해가 갈수록 부정적인 평가가 증가하는 것을 볼 수 있다.

블라디보스톡 여행 긍정					
2017		2018		2019	
단어	비율(%) (빈도)	단어	비율(%) (빈도)	단어	비율(%) (빈도)
좋다	14.09 (356)	좋다	13.89 (299)	좋다	13.65 (261)
추천	9.06 (229)	추천	7.66 (165)	추천	10.09 (193)
괜찮다	2.41 (69)	즐겁다	2.97 (64)	우수하다	2.46 (47)
괜찮다	2.33 (59)	괜찮다	2.18 (47)	괜찮다	2.25 (43)
기대하다	2.1 (53)	기대하다	1.9 (41)	매력	1.88 (36)
우수하다	1.94 (49)	정교하다	1.67 (36)	현대적	1.83 (35)
멋지다	1.94 (49)	매력	1.67 (36)	최고다	1.83 (35)
이색적이다	1.94 (49)	감사하다	1.63 (35)	성장하다	1.78 (34)
감사하다	1.9 (48)	재미있다	1.58 (34)	멋지다	1.78 (34)
아름답다	1.74 (44)	최고다	1.53 (33)	특별하다	1.73 (33)

〈표 10〉 키워드 '블라디보스톡 여행'에 대한 3년간의 상위 10위 부정의 단어

블라디보스톡 여행 부정					
2017		2018		2019	
단어	비율(%) (빈도)	단어	비율(%) (빈도)	단어	비율(%) (빈도)
울다	3.64 (92)	울다	3.86 (83)	울다	3.35 (64)
걱정하다	1.9 (48)	걱정하다	2.23 (48)	난해하다	2.46 (47)
부담스럽다	1.15 (29)	어렵다	1.49 (32)	아쉽다	1.31 (25)

힘들다	1.15 (29)	힘들다	1.3 (28)	걱정하다	1.15 (22)
아쉽다	1.15 (29)	별로	0.93 (20)	별로	1.15 (22)
어렵다	0.99 (25)	주의	0.88 (19)	힘들다	1.1 (21)
주의	0.71 (18)	아쉽다	0.88 (19)	빈티나다	0.68 (13)
별로	0.71 (18)	포기하다	0.74 (16)	어렵다	0.68 (13)
심하다	0.67 (17)	밉다	0.65 (14)	후회하다	0.47 (9)
난해하다	0.63 (16)	부담스럽다	0.6 (13)	싫다	0.42 (8)

〈표 9〉와 〈표 10〉의 결과를 볼 때 최근 3년간 블라디보스톡 여행에 대한 긍정부정 평가는 눈에 띄는 차이를 보이지 않음을 알 수 있다. 하지만 다음의 주제어인 블라디보스톡 숙소에서는 시간이 갈수록 부정적인 평가가 증가함을 알 수 있다.

〈표 11〉 키워드 '블라디보스톡 숙소'에 대한 3년간의 상위 10위 긍정의 단어

블라디보스톡 숙소 긍정					
2017		2018		2019	
단어	비율(%) (빈도)	단어	비율(%) (빈도)	단어	비율(%) (빈도)
추천	28.35 (724)	추천	24.79 (468)	좋다	17.19 (270)
좋다	17.74 (453)	좋다	17.21 (325)	추천	15.47 (243)
괜찮다	3.68 (94)	괜찮다	3.02 (57)	괜찮다	2.86 (45)
깔끔하다	2.35 (60)	만족	2.12 (40)	현대적	2.8 (44)

편하다	2.11 (54)	현대적	2.01 (38)	만족	2.1 (33)
최고다	1.96 (50)	깔끔하다	1.8 (34)	정교하다	1.97 (31)
만족	1.8 (46)	최고다	1.69 (32)	깔끔하다	1.59 (25)
깨끗하다	1.29 (33)	예쁘다	1.27 (24)	편하다	1.59 (25)
예쁘다	1.17 (30)	깨끗하다	1,11 (21)	최고다	1.53 (24)
멋지다	1.17 (30)	편하다	0.95 (18)	깨끗하다	1.34 (21)

〈표 12〉 키워드 '블라디보스톡 숙소'에 대한 3년간의 상위 10위 부정의 단어

블라디보스톡 숙소 부정					
2017		2018		2019	
단어	비율(%) (빈도)	단어	비율(%) (빈도)	단어	비율(%) (빈도)
울다	1.8 (46)	힘들다	2.12 (40)	걱정하다	2.36 (37)
걱정하다	1.68 (43)	어렵다	1.85 (35)	울다	1.91 (30)
힘들다	1.25 (32)	울다	1.64 (31)	힘들다	1.72 (27)
별로	1.1 (28)	걱정하다	1.54 (29)	별로	1.27 (20)
어렵다	0.9 (23)	별로	1.01 (19)	어렵다	1.15 (18)
성급하다	0.78 (20)	성급하다	1.01 (19)	아쉽다	1.02 (16)
불편	0.55 (14)	아쉽다	0.95 (18)	무섭다	0.76 (12)
아쉽다	0.55 (14)	무섭다	0.74 (14)	부담스럽다	0.57 (9)
무섭다	0.51 (13)	겁나다	0.53 (10)	성급하다	0.57 (9)
부족하다	0.39 (10)	불편	0.48 (9)	나쁘다	0.57 (9)

위의 〈표 11〉과 〈표 12〉는 블라디보스톡 숙소에 대한 긍정, 부정의 평가 리스트이다. 긍정단어에 비해 빈도는 적지만 키워드별로 도출된 부정단어는 블라디보스톡 여행의 경우 '울다', '걱정하다' 등으로 나타났고, 블라디보스톡 맛집의 경우에는 '울다', '아쉽다' 등으로 나타났다. 한편 블라디보스톡 숙소의 경우에는 '힘들다', '울다' 등이 나타났다. 〈표 11〉에서 블라디보스톡 숙소에 대한 긍정의 비율이 해를 거듭할수록 낮아지고 있고, 그중에서 '호감'의 비율이 많이 낮아진 점을 볼 수 있다. 그리고 부정의 비율은 갈수록 높아지고 있으며 부정 키워드인 '두려움'과 '거부감'에서 많은 차이를 보이고 있다. 〈표 11〉을 보면 단어 '호감' 키워드인 '좋다'와 '추천'의 비율이 갈수록 낮아지는 것을 볼 수 있다. 〈표 12〉에서는 '두려움'과 '거부감' 키워드인 '어렵다'와 '걱정하다'의 비율이 증가했음을 알 수 있다. 관광객들이 어떠한 부분에서 불편함을 느껴 블라디보스톡 숙소에 대한 부정의 비율이 높아졌는지 세부적인 원인들은 추후의 연구과제로 남기고자 한다.

정리하자면 3년간의 데이터를 통해 2019년이 가장 높은 부정의 비율을 차지한 것을 알 수 있다. 3년간의 부정 단어를 비교해보면, 2017년의 상위권 부정단어는 '힘들다', '어렵다', '별로', '불편', '무섭다', '아쉽다'이다. 2018년에는 '어렵다', '힘들다', '성급하다', '아쉽다', '별로', '무섭다', '겁나다'이다. 2019년은 '힘들다', '어렵다', '별로', '아쉽다', '무섭다'이다. 2017년과 2018년을 비교해봤을 때 2018년도의 부정비율이 더 높앉으며 부정단어 중에서도 '힘들다'의 비율이 증가하였다. 2018년과 2019년의 부정비율은 0.03% 차이로 2019년이 조금 더 높다. 2019년의 결과에서 2018년과 다르게 거부감의 '성급하다'가 없어지고 두려움의 '걱정하다'가 증가한 것을 알 수 있다. 또한 주제어별로 살펴보면 '블라디보스톡 숙소'와 '블라디보스톡 맛집'이 해를 거듭할수록 부정 단어의 출현도 많아지고 긍정의 빈도도 줄어든 것을 알 수 있다. 다만 전반적인 '블라디보스톡여행'에 대한 평가는 최근 3년간 큰 변화가 없었다. 숙소와 맛집에서 부정평가가 증가하는 구체적인 원인은 감성분석에서 찾아낼 수 없지만, 적어도 포스트코로나 시대를 위한 여행상품을 개발할 때 숙소와 맛집에 대한 보다 세심한 분석과 평가가 이루어져야 한다는 것을 알 수 있다.

Ⅳ. 결론

본 연구는 빅데이터 분석을 바탕으로 러시아 블라디보스톡 여행의 인식변화를 규명하여 블라디보스톡 관광의 효율적인 운영과 다양한 방안들을 제시하고자 수행하였다. 2017년부터 2019년까지의 네이버, 다음, 구글 포털의 블로그 카페 글 수를 조사하였으며, 2017년과 2018년, 2019년을 기준으로 네이버와 다음, 구글에서의 키워드별 검색량 추이와 네이버, 다음, 구글 포탈의 블로그, 카페 글의 제목, 본문의 비정형 데이터를 수집해 텍스트 마이닝 기법을 통해 분석하였다.

2017년부터 2019년까지 키워드별 블로그 및 카페 글 수는 매년 증가하는 경향을 보였으며 2020년 COVID-19이 확산되기 전까지는 관광객 수도 증가하는 추세였다. 소셜미디어에 출현한 단어빈도 수를 분석한 결과 첫째, '블라디보스톡 여행'의 경우 2017년과 2018년에는 시베리아 횡단 열차와 하바롭스크 등 블라디보스톡 주변 관광지에 관심이 많았음을 알 수 있다. 이와 반대로 2019년에는 온전히 블라디보스톡을 위주로 여행하며 맛집투어를 하는 여행 트렌드가 출현했음을 알 수 있다. 둘째, '블라디보스톡 맛집'의 경우는 2017년과 2018년의 기간에 도출된 단어로 유추해볼 때, 초기에는 러시아 음식 종류가 여행객들의 주된 관심사였음을 알 수 있고, 2019년에 이르면 맛집이나 음식에 관한 단어보다는 여행이나 날씨, 자유투어 등 맛집과 투어가 동시에 충족되는 것에 관심사를 가졌음을 알 수 있다. 셋째, 블라디보스톡 숙소에 관해서 2017-18년에는 호텔과 에어비엔비가 관광객들의 주요 관심사였으나, 2019년에는 호텔과 게스트하우스가 관심사로 등장하였다.

감성단어 빈도분석 결과 긍정과 관련된 단어 비중이 각 키워드의 각 해마다 70%를 넘었으며, 그 중 호감의 감정을 나타내는 단어들이 대다수를 차지하였다. 부정단어로는 슬픔과 두려움 그리고 거부감의 감정을 나타내는 단어가 주로 도출되었다. 또한 주제어별로 보았을 때 '블라디보스톡 숙소'와 '블라디보스톡 맛집'이 해를 거듭할수록 부정 단어의 출현도 많아지고 긍정의 빈도도 줄어든 것을 알 수 있었다. 따라서 도출된 결과를 바탕으로 블라디보스톡 여행상품을 다음과 같이 제안한다.

첫째, 소셜미디어 이용자들은 블라디보스톡 여행시 투어나 자유여행 또는 1인 여행을 하는 것으로 나타났다. 하지만 그에 비해 블라디보스톡 관광에 대한 정보는 많지 않다. 따라서 블로그나 유튜브의 정보 이외에도 여행사나 현지숙소에서 블라디보스톡 관광에 대한 정보를 온, 오프라인으로 제공하는 것도 좋을 것이다. 또한 1인 여행객의 증가에 따라 여행사는 평점이 좋은 한인 민박이나 게스트 하우스를 선정하여 소개해주어야 한다. 그리고 단어 빈도 분석에서 2019년에는 '동행'이라는 단어가 상위 20위 안에 있던 점에 주목하고자 한다. 동행을 구하는 카페나 연락망 등이 이미 있지만, 숙소를 통해서도 함께 여행할 수 있는 사람들이 모일 수 있도록 상품이 개발되어야 할 것이다.

둘째, 블라디보스톡 맛집의 경우 정보를 블로그나 유튜브의 브이로그와 후기 영상으로 많이 접할 수 있다. 하지만 이에 더해 현지인들의 맛집으로 알려진 곳이나 한국인들의 입맛에 잘 맞을 식당 등을 좀 더 다양하게 선정하고 리스트를 제공해야 한다. 또한 주위의 가볼만한 관광지와 연계하여 러시아만의 이색적인 음식을 소개하고 맛, 가격, 분위기, 서비스별로 선정한 뒤 관광객 개인에 취향에 맞는 음식점을 추천받을 수 있는 프로그램을 개발하는 것도 중요하다.

참고문헌

김계식(2006) 「관광지 경험 유도정서에 관한 연구」, 『경영교육연구』 제43집, pp.41-65.

김보라(2018) 「텍스트의 긍정 부정 평가: 러시아 국립 코퍼스를 중심으로」, 『러시아학』 제17호, pp. 1-18.

류시영, 유선욱(2017) 「소셜미디어에 나타난 강원도 관광에 관한 인식 연구: 빅데이터 분석을 중심으로」, 『관광연구저널』 제31집, pp.63-81.

박정선(2013) 「한국인의 러시아 관광동기와 관광목적지 이미지 상호 관련성 분석에 관한 연구」, 『경영교육연구』 제28권 제 6호, pp.357-382.

박준석, 김창식, 곽기영(2016) 「텍스트마이닝과 소셜네트워크분석 기법을 활용한 호텔분야 연구동향 분석」, 『관광레저연구』 제28호, pp.209-226.

박현정, 송민채, 신경식(2018) 「CNN을 적용한 한국어 상품평 감성분석: 형태소 임베딩을 중심으로」, 『지능정보연구』 제24집, pp.59-83.

변정우(2013) 「빅데이터 관광에서 얼마나 활용될 수 있을까?」, 『웹진 문화관광』 3월호.

안도현(2021) 『R로 하는 텍스트마이닝』(bookdown.org/ahn_media/bookdown-demo/clean2.html)

이상훈, 최정, 김종우(2016) 「영역별 맞춤형 감성사전 구축을 통한 영화리뷰 감성분석」, 『지능정보연구』 제22권, pp.97-113.

이정학, 이재문, 장용석 (2017) 「소셜 네트워크 빅데이터 분석을 활용한 2018 평창 올림픽 키워드 분석」, 『한국스포츠산업경영학회지』 제22호, pp.73-89.

Xiang, Z. & Gretzel, U(2010) 「Role of social media in online travel information search」, 『Tourism management』 31(2), pp.179-188.

Zhang, L., Pan, B., Smith, W. and Li, X. R(2009) 「An exploratory study of travelers' use of online reviews and recommendations」, 『Information Technology & Tourism』 11(2), pp.157-167.

www.e-unwto.org/doi/pdf/10.18111/9789284413935 (WTO Tourism Statistics, 2011)

www.textom.co.kr/home/main/main.php

경상국립대학교
해외지역연구센터
2021 총서

인문학을 기반으로 한
폐터널의 문화·예술적 활용 방안 연구*

- 진주시 진치령(鎭峙嶺) 터널을 중심으로 -

박가영(경상국립대학교 문화융복합학과 강사)

I. 들어가며

한국사회는 급속한 경제성장과 물질적 풍요를 가졌지만 '시민의식의
성숙'이라는 측면에서는 다소 아쉽다는 진단을 받아왔다. 이를 극복하기
위해 인간성 회복과 인간다운 삶 구현, 국가 정체성 및 지역 공동체의식
확립, 사회의 통합, 건전한 시민의식을 배양하는 인문정신문화의 대중화

---

* 본 고는 2020년 대한민국 교육부와 한국연구재단의 지원을 받아 수행된 연구임(NRF-2020S1
A5B5A170880)

와 생활화가 사회 전반에서 요구되고 있다.

2006년에 선언된 '인문학의 위기'는 인문학과 인문정신의 중요성이 사회적, 국가적 차원으로 지속적인 관심이 되었고, 2015년도에는 「인문 사회 학술생태계 활성화 방안」으로 '지속발전 가능한 포용국가 실현'이 라는 목표 아래 인문학의 성과가 개인의 성취로 머무르는 것이 아니라 국가 및 사회 문제 해결 방안을 제안할 수 있도록 했다. 즉, 인문학의 학 문적 성과가 대학에 머물러있었다는 현실적 문제점을 해결하고, 궁극적 으로는 인간을 향한 학문으로서 국민에게 생활화, 일상화될 수 있는 사 회적인 기여가 강조되고 있으며, 이에 정부 및 지자체, 대학이 연계된 협 업의 필요성이 제기되어 추진되고 있는 것이다.

특히 '인문도시(人文都市, Humanities City)' 사업은 문(文), 사(史), 철(哲), 예(藝)의 저변을 확대하기 위해 지역에 산재된 인문 자산을 활용 하여 강좌, 체험, 축제 등 다양한 형태로 시행되고 있다. 시민들을 가르 치고 계몽을 목적으로 하는 기존의 강연형식과 함께 체험과 축제형식을 병행하여 지역민이 직접 참여하는 과정을 통해 삶의 가치회복을 추구하 고 시민의식 함양을 제고하겠다는 취지다.

한편, '4차산업혁명 시대'로 명명된 오늘날은 산업구조와 사회의 패러 다임이 급변했고 가동을 멈춤 근대 산업시설물이 도시와 지역 곳곳에 발 생하게 되었다. 2000년 전후부터 지역문화의 보존과 계승에 대한 인식 도 변화하면서 문화자산을 복원, 보존하는 차원에 머물렀던 과거에 비해 지금은 이를 다양한 분야에 적용시켜 지역정체성을 강화시키는 방안으로 활용되고 있다.

이러한 경향으로 인해 버려진 공간, 혐오스런 공간 등의 이유로 접근성이 낮았던 근대 산업시설물을 산업유산(産業遺産)으로 지정하고 대규모의 문화시설로 바꾸거나 도시의 상징으로 변화시키는 방향으로 흐름이 바뀌었다. 산업유산은 역사성과 장소성이라는 가치를 지니고 있기 때문에 과거와 현재를 연결하는 역할을 하면서 지역통합을 위한 교류의 장, 지역구성원들 간의 공동체를 활성화하고 동질성을 공유할 수 있는 장소로서 지역사회의 상징적 위미를 담을 수 있는 적합한 대상이다.

그러나 이를 활용함에 있어서 지역에 대한 깊은 이해와 연구 없이 문화적 요소를 표면적으로만 차용하여 기획되는 문제로 대중에게 외면당하거나 지역문화와 유기적으로 연결되지 못하고 막대한 예산의 낭비를 초래하는 경우가 대다수다. 이는 관광지향의 장소마케팅 전략 위주로 접근하거나 과도한 시설 및 복잡한 콘텐츠를 요구하는 등 경제적 수익창출에만 초점을 두었기 때문이다. 정작 가장 중요한 지역정체성의 반영과 유·무형 문화유산에 담긴 인문학적 가치를 간과해버린 것이다.

결국, 지역의 특색을 오히려 획일화시키고 대중에게 공감을 얻지 못하는 콘텐츠로 전락하여 정책성과가 차별화되어 드러나지 않을 뿐만 아니라 지속성에 있어서도 한계를 노정하는 위기에 직면해있는 실정이다.

본 고는 인문학을 기반으로 한 폐터널의 문화·예술적 활용 방안을 제시함으로써 근대산업유산을 훼손시키지 않고, 문화예술을 통한 인문정신의 대중화·생활화를 실현할 수 있는 기초자료 역할을 하는 데 목적을 두었다. 또한 이와 관련된 기존의 연구가 분야별로 분절되어 이뤄진 담론들의 접점을 찾아 '인문학-조형예술-경영학'을 접목하여 종합적이고 융합적인 관점에서 활용 대안을 제시하는 데 주안점을 둔다. 또한 경남 진주시 원도심 지역에 위치하고 있는 진치령 폐터널의 역사적, 기능적 의의를 밝히고 지역민들이 지역의 정체성을 직접적으로 느끼고 애향심을 고양시킬 수 있는 방안을 개발하여 삶의 질을 높이는데 기여를 하고자 한다.

또한 인문학을 기반으로 하는 '인간 중심의 도시', '인문도시', '문화도시'를 지향하는 오늘날 사회분위기 속에서 유휴공간을 활용하여 지역을 재생시키고 활성화하는 방안을 개발하기 위해 선행연구와 문헌조사를 통하여 이론적 배경을 정리하고 현장을 답사하여 실질적인 활용 전략을 기획하는데 도움이 되고자 한다.

이미 선진국에서는 일찍이 시작되었던 유휴공간을 활용하는 것에 대해 살피고 그간의 인식 변화, 현재의 문화·예술적 활용사례의 동향 등을 통해 본고의 대상이 되는 공간 활용 방향에 대해 고찰한다. 특히 경북, 경남, 충청도, 전북, 전남 등 전국 각지에 산재한 폐터널의 활용 사례를 파악하여 인문학적 기반의 터널 활용 가능성에 대해 타진해본다. 마지막으로 본 연구에서 도출한 시사점을 통해 문화·예술적 요소들을 적용할 실제 공간인 경남 진주시 진치령을 분석하여 활용 개발 전략을 위한 제언을 하고자 한다.

인문활동과 문화활동이 시민의식을 새롭게 한다는 공통점을 가지고 있다는 전제하에 인문활동의 자생력을 신장하기 위한 하나의 방안으로 조형예술과 경영학을 융합한 창의적인 활용법을 연구하고자 한다. 연구 대상으로는 산업시설물 중에서 '폐터널'이라는 공간을 지역의 정체성을 대표하는 상징적인 장소로 활용하고 이에 필요한 요소들을 분석하여 지속가능한 구체적인 모델을 설계함으로써 지역 문화자산의 인문학적 가치를 고취시키고 생활화하는 방안을 마련하고자 한다.

이미 전국각지에서 폐터널은 지역 특산품으로 가공한 상품들을 저장하는 창고나 전시장, 카페테리아, 레일바이크 등으로 활용되고 있으며 찾는 이들의 즐거움을 위해 문화·예술적 요소를 가미하고 있다. 이것은 관광마케팅, 지역마케팅으로 이어지고 있는데 다만 인문학적 기반의 사례는 미흡한 점을 제기하고 문헌과 신문기사, 전문가 인터뷰 등을 통해 구체적인 문제점을 도출한다.

II. 현대의 도시계획 경향

1. 인문도시

인문학의 학문적 성과를 대중에게 보급하고 인문학에 대한 관심을 고양하며 삶의 질까지 향상시킴으로써 행복한 삶을 구현하는데 인문학이

동참해야 한다'는 목적으로 한국연구재단이 인문도시를 추진하는 각 지역의 대학 및 지역자치단체로 하여금 지역사회에서 시민들의 인문적 소양을 고양할 시민강좌를 개발, 보급하도록 인문주간 등을 기획하도록 지원했다.

사실 '인문도시'라는 개념이 아직 뚜렷하게 정립되지는 않았고, 인문학, 문화예술, 평생학습 등을 장려하는 도시라는 협의적인 관점으로 인식하고 있거나 미래 도시의 지향성을 제시하는 측면에서 언급되고 있는 정도라 할 수 있다. '인간중심도시'라는 용어로 사용되었던 인문도시 연구의 초기 단계에서도 보면 1985년 그리스 문화장관 Melina Mercouri가 처음 제안한 '문화도시', 혹은 Charles Landry의 '창조도시'의 개념과 혼재되어 명확히 구분하기 어려운 점이 존재한다.

그러나 인문도시에서 가장 중요하게 여기는 '인간다운 삶'의 공간을 구성하는데 기여해야 한다는 점은 공통적으로 발견된다. 급속도로 진보하는 물질문명 속에서도 인간은 삶의 목적과 의미를 추구하기에 인문학을 기반으로 하여 인간성 및 삶의 가치를 회복하고 현실의 문제를 극복하는 인문공동체의 실현, 즉 인문도시의 구현이 매우 필요한 시점이라 할 수 있다.

2. 문화도시

문화도시는 '창의적이며 지속가능한 지역발전 전략'으로 인식되고 있으며 동서양을 아우르며 그 가치가 확산되고 있다. 세계도시문화포럼 (World Cities Culture Summit, 2014)은 도시의 문화와 창의력이 사회발전과의 깊은 관계를 가진다는 것에 집중하고 도시문화 정책에 대한 논의를 이어가고 있으며, 유네스코(Unesco, 2004)에서도 문화기반의 도시가치 생성, 지속가능을 기제로 한 사회경제 생태계 구축 및 사회적 가치창출을 중요시한 결과로 도시 간의 사회, 경제, 문화적 협력을 강조하는 '창의도시네트워크' 사업을 활발히 진행시키고 있다. 지역고유의 문화적 자산을 활용한 도시브랜드 창출, 지역사회 및 경제 활성을 불러오는 문화적 도시발전 담론이 전 세계적으로 확산되고 있는 것이다.

21세기의 도시는 과학기술의 발달로 인해 이전과는 다른 생활방식이 등장하게 되었고 도시의 산업구조, 형태, 서비스, 환경, 자원 등이 변화하고 있다. 이에 따라 내부적으로는 도시의 구성원들의 만족도 및 행복감을 증대시키고, 외부적으로는 지역 이미지 및 브랜드 가치를 향상시킬 수 있는 대안으로 문화도시 구현이 제시되고 있다.

주로 도시의 재생을 위한 방법으로 제시되고 있는데 해당 도시의 역사, 문화자산, 예술 등의 가치를 제고하는 도시공간과 시스템을 형성하는 것을 지향하고 있다. 또 이것의 본질은 도시 문화자원의 통합과 개발을 목표로 하며 전통과 역사 이미지를 활용해 개발 이후에도 예술적 가치, 역사적 가치를 보존함과 도시에 도시 발전을 통해 거주자의 환경을 개선하는 과정이 필요하다.

Ⅲ. 유휴공간 발생원인 및 현황

1. 유휴공간의 발생원인

우리나라는 과거 급속한 경제성장과 함께 인구가 급증하여 주택 및 기반시설 확충에 집중해왔다. 단기간 내 양적 성장에 집중한 빠른 도시화가 진행된 것이다. 물론 도시화에 동력이 되는 산업 인프라가 양적으로 증가했다. 이러한 도시개발의 방향성은 현재 인구성장률이 감소하고 산업구조가 변화하고 있음에도 불구하고 동일한 방식으로 전개되고 있어서 인구감소 지역은 경기침체를 비롯, 유휴공간의 수가 증가하여 지역차원의 문제로 인식되고 있다.

도시계획이라는 적극적인 개입에 의해 만들어진 산업시설이나 건축물들이 현대도시에서는 부적격 용도로 판단되어, 적합한 용도로 사용되지 못하거나 버려져 도시 곳곳에 산재하게 되었다. 주로 발전소를 비롯해 탄광, 공장과 같은 시설물들이 원래 기능을 잃고 쇠퇴하여 형태로만 존재하며 역사적 의미만 남게 된 것이다.

　주요 유휴공간의 발생 원인은 1. 해당 지역의 인구감소와 지속적인 도시개발 진행 2. 산업구조 변화로 인해 공장, 발전소, 탄광 등이 이전하거나 폐업됨에 따라 산업시설 유휴화 3. 도시의 과도밀집에 따른 위성신도시 개발로 인한 원도심 인구 감소, 상권 쇠퇴 4. 정부의 행정구역 개편에 따른 행정시설 및 군사시설 이전 5. 노화환경에 의한 재건축, 개발규제, 사업추진 과정 지연 등으로 구분할 수 있으며, 빈 공간이 오랫동안 방치되어 미관을 해치거나 슬럼화를 일으키는 것이 가장 큰 문제점이라 할 수 있다.

2. 유휴공간 활용 및 인식변화

　시설물의 기능, 역할이 쇠퇴하여 형태로만 존재하는 공간을 인류사적 맥락에서 근대화에 공헌하고 산업화에 기여한 물적 자료의 총칭으로 산업유산(Industrial Heritage)이라는 용어가 거론되고 있다. 단순히 물리적인 건물로만 인식하는 것이 아니라 과거의 기억을 내포하고 있는 자원으로써 인정하기 시작한 것이다. 산업화 시대를 경험했던 이들의 기억이 상호작용하면서 역사적, 상징적, 문화적 의미가 축적된 매개체 역할을 하기도 한다.

　대표적인 활용방식으로는 산업시설물 가운데 문화유산적 가치가 높은 것은 중앙 혹은 지방정부 주도하에 문화예술공간으로 전환하면서 문화관광적 요소로 집중하고 있고, 유산적 가치가 상대적으로 덜한 곳은 예술가 주도의 창작공간 등으로 활용되는 경우로 지역사회에 대한 긍정적인 영향관계를 형성하고 있다. 한국의 경우에는 당인리발전소, 인천아트플랫폼, 구서울역사, 서울 문래동 등이 그 대표사례다.

이러한 활용사례들은 사회통합적, 창의성 극대화 방향으로 설정되는 점이 특징이고 산업유산의 재활용은 트렌드처럼 작용하며 다양한 사업과 연구주제로 떠올랐으나 아직도 '단순 시설' 문제로 접근될 소지가 많은 것이 사실이다. 해당 유휴공간을 방치되거나 잉여공간으로 인식하여 부동산 가치를 증진시키는 등 경제적 가치창출의 수단으로 활용하는 것에는 한계가 있다는 것을 인식해야 한다.

이에 따라 지역사회와의 새로운 관계 설정으로 또 다른 문화행동을 창출한 유사사례들을 적용하여 쇠퇴지역의 유휴공간에 대해 '지역 내의 안전', '생활편의' 등의 사회적 가치창출을 위한 활용방안이 함께 모색되어야 바람직하다.

3. 유휴공간의 문화·예술적공간 활용 동향

폐산업시설을 활용한 문화·예술적공간 활용의 대표사례로 꼽히는 영국의 테이트모던이나 프랑스의 오르셰미술관 등은 도시재생 초창기 시기의 분위기를 반영하는 것으로, 새로운 패러다임이라기 보다 오히려 전통적 의미의 미술관 기능을 갖고 있어서 단순히 시설활용에 따른 기능전환에 불과하다.

한편, 프랑스에서는 용도 폐기된 공간을 예술공간으로의 전환사례가 30여년의 역사를 지니고 있는데 처음부터 정부주도로 생성된 것이 아니라 예술가들의 자발적인 참여로 유휴공간을 창작공간으로 사용하는 독특한 모델이 있다. 국가주도 대상의 유휴공간에 비해서 상대적으로 가치가 덜하고, 지역 내에서 다양한 장소성을 지닌 시설물이 주요 대상이다. 이 공간들은 일정한 목표를 가지고 설계되었다기 보다는 예술가들이 창작활동을 진행하는 과정 중에서 공간 설정이 되는 등 사용자 중심의 접근이라는 점이 초창기 모델과는 가장 큰 차이점을 보이고 있다.

이러한 모델은 산업시설의 가치를 인식하고 '보존'의 단계에서 머무르는 것이 아니라 새로운 문화활동을 '창출'한다는 점에서 도시, 유휴공간의 '재생' 기능을 가능케 한다는 점이 매우 유의미하다고 평가받는다.

유휴공간을 중심으로 하고, 문화와 예술로써 마을 및 지역 전체의 기능을 회복하고 복원한 사례로는 일본의 나오지마 섬 프로젝트, 캐나다 슈메이너스, 통영 동피랑 벽화마을, 제주 빈집 프로젝트 등이 있다. 공공미술 프로젝트의 일환으로 낙후지역을 정비하고 단순 개발에 그치는 재개발, 재건축과 달리 지역적 특색을 살리며 생태환경도 고려하는 방식이다. 캐나다 슈메이너스 지역은 민족의 정체성을 드러내는 소재를 스토리텔링하고 이를 마을 곳곳에 벽화로 남겨 '지붕없는 미술관'으로 불리고 있다. 쇠퇴해가던 중소도시가 관광객을 유입시켜 지역 경제 활성화를 일으켰고 지역민들은 벽화 속에 담긴 민족의 정체성을 생활 속에서 향유하며 시민의식을 고양시키는 효과도 얻게 되었다.

Ⅳ. 폐터널 활용의 대표 사례

1. 경북 영주 신동터널, 용혈터널, 금계터널

경북 영주시에서는 철로의 이설로 발생하게 된 폐터널과 주변 부지를 활용하는 방안을 모색하고 있다. 영주댐의 건설로 인해 이설된 중앙선 철도 평은선과 문수면 일원의 폐철도선 1개선과 폐터널 3개소에 대한 활용에 대해 논의중이고, 신동터널, 용혈터널, 금계터널 즉, 중앙선 폐터널 3개소 각각의 활용 방향은 영주댐과의 연계, 사계절 이용 가능한 시설로 차별화된 체류형관광지로 개발될 예정이다.

신동터널은 287m로, 전시 공간으로 활용하거나 각종 체험을 즐길 수 있는 이벤트 공간, 또 도로접근성이 좋고 터널에서 생육이 가능한 환경으로 인해 버섯을 키우는 공간 등이 제안되고 있다. 450m의 용혈터널은 영주댐 방향 입구가 폐쇄되어 있고, 영주댐의 연접부지와 약 7m가량의 고저차가 있기 때문에 별도의 진입로를 개설해야 한다는 문제를 가지고 있다. 하지만 이를 보완해서 와인터널로 개발하려는 방안을 고려하고 있는 중이다.

안동시의 북후면에 위치한 금계터널은 약 2km에 달하고 있어서 진입에 관한 방식과 관련한 입지여건이 다소 불리한 편이다. 하지만 이러한 여건에도 불구하고 영주댐 하부에 캠핑장이 들어설 예정이기에 이 터널에서는 가족참여형 프로그램을 유치하는 방안으로 제안되고 있다. 주 도입시설은 LED 조명을 활용하여 각종 볼거리를 제공하고 빛축제 개최 및 캐릭터 전시, 힐링 산책로 조성 등을 계획하고 있다. 그러나 무엇보다 현실성 있는 접근과 동적인 요소에 대한 고민이 더욱 필요로 하며 무엇보다 지역민을 위한 공간으로 활용하고 영주댐 건설 이후의 관광효과를 지켜보며 단계적으로 추진시키는 것이 중요하다.

2. 경남 밀양 삼랑진 트윈터널

밀양~삼랑진 상하행선이 달리던 경전선이 2004년, 부산-서울을 잇는 한국고속철도(KTX)가 들어서며 폐터널이 된 곳이며 13년간 방치되어 있다가 2017년 상하행선으로 사용된 두 개의 터널을 의미하는 '트윈터널'로 재탄생했다.

1897년 대한제국이 공포된 이후로 서구 자본주의 유입을 위해 생산을 늘리고 산업을 일으키는 식산흥업 정책을 시행했다. 이에 따라 밀양 또한 경제 부흥의 한 축을 담당하며 철도가 놓여졌고 터널도 만들었는데 그후 40년의 시간이 지난 후 바로 옆에 터널을 하나 더 만들었다. 원래 이 마을의 이름은 '무흘'이었고 그 이름으로 터널명을 지으려 했지만, '달이 없는 곳'이라는 뜻의 '무월'로 지명이 바뀌자 '무월산 터널'이라 부르게 되었다. 이처럼 40년이라는 기간을 두고 두 개의 터널이 만들어졌지만 KTX 노선이 생기면서 개통 100여년 만에 역사 속으로 사라질 위기에 놓인 것이다.

2015년 2월 착수하여 대대적인 새단장을 거쳐 '빛의 테마파크'로 재탄생했다. 국내 최초로 빛과 캐릭터를 활용해서 조성한 빛의 테마파크는 상행, 하행 각각 457m, 443m로 총 900m 길이의 터널이 양쪽으로 이어져 있다. '해저터널'은 신비로운 해저세계를 탐험할 수 있고, '빛의터널'은 무수히 쏟아지는 빛의 향연이 펼쳐진다. 크게 두 구간으로 나눠져 있고, 구간마다 다채로운 테마로 채워져 있어서 터널이 가진 긴 공간을 지루하지 않으며 색다르게 즐길 수 있도록 했다. 수십만개의 조명과 빛이 폐터널의 어둠을 밝히고 있으며 빛을 콘셉트로 한 10개 테마로 구성되어 있다. 트윈터널에는 60여종의 캐릭터가 등장하며 캐릭터를 활용한 빛의 콘텐츠로 꾸며져 있다.

기존에 폐선된 철로 터널의 대부분은 와인터널로 만들어져 있어서 서로 유사한 유형의 관광지로 개발된 반면 삼랑진 트윈터널의 특징은 밀양의 역사를 스토리텔링하여 다채로운 캐릭터와 이야기가 담긴 공간으로 재창조되었다는 점이 특징적이다.

트윈터널은 터널 속에 펼쳐지는 빛의 축제와 더불어 신비한 이야기, 캐릭터 통해 복합문화 테마공간으로 만들어졌다. 빛의 요정터널을 비롯해 프린세스캐슬, 밤하늘 우주드래곤, 사랑의약속, 요정의숲, 카툰갤러리, 사계절카페, 꽃터널포토존, 용궁캐슬, 물고기나라, 바다속친구 등으로 구성되어 있다. 더운 여름엔 시원하고 추운 겨울엔 따뜻하여 계절과는 상관없이 연중 내내 즐길 수 있으며 반짝이는 LED조형물이 가득해 사진을 촬영하기에도 매우 적합하다.

3. 세종특별시 비욘드 아트 스튜디오

세종시 부강면 노호리에는 폐동굴을 활용해 젊은 예술인들이 모여서 예술 활동을 하고 있는 레지던시 공간 '비욘드 아트 스튜디오'가 위치하고 있다. 기존의 예술과 경계가 모호한 실험적 예술을 위주로 다루는 젊은 예술가들이 타 장르와의 융합을 통해서 발전적 가능성을 모색하고 예술의 범위를 넓히기 위해 노력하고 있다. 뉴미디어, 키네틱, 빛을 활용한 작품들을 전시하면서 음악과 연극 공연 등과 연계할 수 있는 복합예술공간으로 폐동굴을 활용하고 있다. 이 동굴이 있는 마을을 세종의 명소로 탄생시키고자 세종특별자치시와 세종시문화재단이 후원하고 있다.

4. 경남 김해, 전남 광양, 경북 청도 와인터널

김해 낙동강 레일파크는 경전선이 이설되면서 일정 구간을 철도 테마 파크로 꾸며 조성된 공간이다. 레일바이크, 레일카페, 와인동굴, 철교전 망대 등으로 구성되어 있고 밀양시와 김해시를 사이에 두고 흐르는 낙동 강의 경치를 즐기기에 적합한 곳이다. 와인동굴은 생림터널을 활용한 공 간인데 김해시의 특산물 산딸기를 활용해 만든 와인을 판매하고, 빛의 터널과 트릭아트 등으로 다양한 볼거리를 제공하고 있다.

전남 광양시에서 폐선 철도를 이용한 관광명소인 '광양 와인동굴'이 개장되었다. 경전선 폐선철도의 석정1터널과 2터널을 활용해 색다른 장 소로 탈바꿈했다. 광양읍 하부를 통과하는 이 터널은 길이 301m, 폭 4.5m, 높이 6m 규모를 가지고 있다. 총 10구간으로 구성되어 있는 와 인터널은 초입 구간 바닥에 트릭아트가 그려진 것을 시작으로 전 세계의 와인을 시음하고 체험할 수 있는 전시장과 카페테리아, 터널 벽에 영상 물을 투사하는 미디어아트 등으로 구성되어 있다.

광양의 경치 및 볼거리, 와인의 역사 또는 각종 재난 체험 등 교육을 목적으로 하는 체험학습과 함께 첨단 프로그램을 운영하고 있다. 지진 체험, 4D체험 영상관, 재난대비 교육장 등이 그 예이다. 또한 전국에서 매실 1번지가 광양임을 고려하여 매실을 이용한 '매실와인'을 개발, 판 매하고 단순한 와인 홍보공간을 넘어 오감을 만족시키는 테마공간으로 조성하기 위해 노력을 경주했다. 지속적인 관광 콘텐츠를 개발하여 광양을 알리는 대표적인 랜드마크로 만들기 위해 폐철교에 추가적으로 열차 카페테리아(2량)와 먹거리, 지역특산품 판매장 등 휴식공간을 조성한다.

대구 근교에 위치하고 있는 청도에도 와인동굴이 존재하고 있다. 2006년 3월에 개장했는데, 1905년에 개통되었던 옛 경부선 열차 터널을 정비하여 조성한 것이다. 와인 숙성에 적합한 60~70%의 습도와 15도의 온도가 연중 일정하게 유지되고 다량의 음이온이 어우러져서 와인 동굴로서의 천혜의 조건을 갖추고 있다. 감으로 만든 와인의 숙성고, 시음장, 전시, 판매장, 다양한 행사 등을 통한 문화예술 공존의 공간으로 활용하고 있으며 인근의 명소와 더불어서 테마관광지로 입지를 굳히고 있다. 특히 와인터널의 내부 벽돌의 일부는 일본이 러일전쟁 후 승리의 전리품으로 시베리아에서 가져온 벽돌이기도 해서 역사를 기억하게 해주는 공간으로도 역할을 하고 있다.

주로 폐터널은 물자 수송로, 국도 등 산업시대의 중추적인 역할을 했고, 건축공학적이고 토목 구축물로서의 미적가치는 물론이고 철도 기술 등을 연구하는데 중요한 자료로 평가받고 있다. 전술했던 사례들은 터널을 활용해 문화공간으로 재탄생 시켰다는 점은 동일하나, 내부 콘셉트가 지역별로 차이가 있어서 지역 테마 터널을 비교해가며 관광하는 것에 매력을 느낀다는 관광객들이 상당수 있다.

5. 전북 전주 신리터널

전주 신리터널은 철도 폐터널로 호남권 발굴유물을 전시, 보관하는 문화공간으로 조성될 계획이다. 발굴된 출토품의 수장시설 부족 문제를 해결하고, 지역의 문화공간으로 활용하는 효과를 기대하는 것이다. 전주시 완산구 색장동 신리터널, 대전 사진포터널 등 2군데를 문화재청이 리모델링할 계획인데 국가철도공단과의 협약으로 권역별 발굴유물 보관시설로 전시, 체험 등이 가능한 공간이 될 것이고 이를 시작으로 목포, 태안, 경주 등 폐터널 10곳을 활용해 권역별 발굴유물 보관시설로 구축한다. 국가에 귀속되지 않은 유물 61만여 점을 체계적이고 효율적으로 관리해 나갈 것이라는 계획이다.

문화재청에 따르면 호남권의 비귀속 발굴유물은 3만여 점에 이르는데 국민들에게 역사자산을 홍보하는데 도움이 될 것이라 예측하고 있다. 말발굽 아치형과 깨진 벽돌 등 세월의 흔적을 고스란히 담고 있어서 유휴공간을 재생시킨다는 긍정적인 의미를 가지고 있으나 다만 접근성을 개선할 필요가 절실하다.

V. 진주시 진치령 터널 분석

1. 진주시의 현황

진주시는 '천년의 도시'라고 불린다. 고대국가 가야문화권이 발달하기도 했으며 통일신라(676년~)부터 대한제국기(1897~1910)까지 행정의 중심지로서 경상도 지역 내에서는 매우 위상이 높았다. 1592년 임진왜란 당시 치러진 '제1차 진주성 전투'는 권율의 행주대첩, 이순신의 한산도 대첩과 함께 3대 대첩으로 꼽힌다.

또한 진주시는 서부 경남 즉, 사천시, 남해군, 고성군, 산청군, 함양군의 거점도시 역할을 하는 서부 경남의 중심지이고, '살기좋은 대도시 건설'을 목표로 하고 있다. 서부 경남권은 전체 면적의 약 47%를 차지하는 지리적 광역성을 지니고 있기에 진주시는 서부 경남의 구심으로서의 도시발전 추동력을 필요로 하고 있다.

현재 지역경제 재도약의 발판을 마련하기 위해 미래 성장 산업의 생태계 기반을 조성하고, 강소연구개발특구, 우주부품시험센터 개소, 세라믹섬유 융복합센터 준공 등 기업하기에 좋은 환경을 조성하기 위해 진주지식산업센터 건립과 적극적인 기업 유치활동을 꾸준히 전개해오고 있으며 원도심 활성화, 혁신도시 활력화 등에 노력을 경주하고 있다. 뿐만 아니라 문화예술의 도시라는 옛 명성을 회복하기 위해서 2019년 유네스코 창의도시(공예·민속예술 분야) 선정, 문화도시 지정 추진, 2021년 진주문화관광재단 설립, 2021 진주 역사관 건립 등의 작업을 꾸준히 진행해오고 있다.

2. 철도 운영의 역사

일제강점기 시절인 1923년 12월 1일, 마산-진주를 잇는 진주선이 개통되었다. 1925년 6월 15일, 진주시 강남동에서 진주역 운영이 시작되었고 일제강점기에 쌀과 면화를 일본으로 반출시키기 위해 건설된 철로로 활용되었다.

광복 이후, 1968년 2월 7일 진주-순천을 잇는 경전선 개통(기존 마산선, 경전선이 개통되었다. 기존의 마산, 진주, 광주선이 경전선으로 통합된 것이다. '경전선'이란 명칭은 경상도와 전라도를 연결하는 철도로 각각의 앞글자만 따서 이름지었다. 우리나라 남쪽을 동서방향으로 연결하는 유일한 철도이자 영남과 호남지역을 연결시키는 장소로 지역 활성 잠재력이 무궁무진하다.

이후로도 1993년 3월 1일 서울행 새마을호 개통, 1996년 경전선 개량, 복선 전철화 추진, 2010년 12월 삼량진-마산 구간 복선전철화, 2012년 10월, 마산-진주 구간 복선전철화, 10월 23일 진주역 역사를 가좌동으로 이전, 12월 5일 마산-진주 간 복선전철화 완료, KTX가 운

행되는 등 지금까지 많은 변화가 이어져왔으며 이로써 진주시가 서울 수
도권, 즉 중앙의 반나절 생활권이 되었다.

3. 진치령 터널의 입지적 특징

2021년 경전선 전철화와 선로 이설로 진주역사는 개양으로 이전, 신
설되었고 (구)진주역은 폐역되었다. (구)진주역에서 망경동 철도길을 약
10분 정도 도보로 이동하여 주약초등학교에 당도하면 이 곳 맞은편에
'약골마을'로 가는 입구가 보인다. 이 마을에서 이어지는 자전거 도로의
초입에 '진치령 터널'이 위치한다.

한동안 우범지대로 인식될 정도로 황량한 지역이었으나 지역민들의
체력과 건강증진을 위해 2013년경에 자전거 도로로 개선한 이후 많은
지역민들이 이용하고 있다. 인도와 자전거도로가 구분되어 있고 자동차
가 전혀 들어올 수 없게 되어 있어 안전하게 운동할 수 있다. 또한 방치
되었던 경전선 폐철도 부지인 진치령 근처 가좌동 구간에는 생명의 근
원인 '물'을 도입해 조류와 곤충, 양서류의 서식공간을 마련하기 위해 환
경부 생태계보전협력금 반환사업으로 폐철도 구간 복원사업이 시행되
고 있다.

현재 이곳은 한낮이나 한여름에는 더위를 피할 수 있고 밤에는 조명
이 잘 설치되어 있다. 시민의 휴식공간으로 제공되고 있으며 관광자원

으로의 개발 등 다양한 활용 및 개발방안이 필요한 시기다. 과거에는 진주에서 출발하는 열차가 다수 운행되었으나 대전통영고속도로, 남해고속도로 개통의 영향으로 철도 이용객이 대폭 줄었다. 서울행 KTX를 비롯해 새마을호와 서울, 부산, 순천, 대구, 목포, 포항으로 운행되는 무궁화호가 있다. 진주역 이외에는 일반성면에 위치한 반성역이 진주시 동부지역의 여객 수요를 담당하고 있다. 진주시 경전선을 잇던 진성역, 갈촌역, 남문산역, 개양역, 내동역, 진주수목원역 등 여러 역사들이 폐쇄되었다.

4. 진치령 터널의 역사적 사건

진치령(鎭峙嶺) 터널은 1925년 일제에 의해 건설된 경전선 철도터널이고 일명 '개양굴'로 불렸다. 주약동 약골마을 철도 건널목에서 경상대까지 2.8km의 자전거도로 초입에 있는 이 터널의 총 길이는 250m이다.

6.25 전쟁 때 유엔군 전투기에 의해 민간인이 학살된 기총소사 사건과 관련된 장소이다. 6.25 전쟁 당시 남한이 북한군에 함락된 순간부터 진주시도 폭격의 대상이 되었고 후퇴하던 국군이 진주교를 폭파시켜 피난길을 끊어버리면서 정부의 대피령도 없이 시민들만 남겨지게 되었다.

폭격은 여름 내내 계속되었고 진주시내는 잿더미가 되어 초토화 되었다. 가장 피해가 극심했던 1950년 8월 3일은 유엔폭격기가 무차별 공격을 강행했다. 피난길이 끊긴 진주시민들은 목숨을 부지하기 위해 조금이라도 안전한 곳을 찾아간 곳이 진치령 터널이다.

5. 진치령 터널의 활용 현황

진주시는 영호남과 중남부 지역을 사통팔달로 연결하는 교통의 요충지. 서부경남의 발전을 선도하는 성장거점으로 역사적, 문화적 환경을 갖춘 중소도시다. 2019년에는 〈유네스코 공예·민속예술 창의도시〉로 선정되어 국제 문화예술로서 위상을 강화하려는 지점에 있다. 우주 및 항공산업과 같은 신성장 동력산업 집중육성, 지식산업센터 건립, 이전 공공기관의 안정적 정착을 위한 혁신도시의 여건 개선, 신진주 역세권 도시개발 추진, 남강유등축제, 지방종합예술제의 효시 개천예술제 등 지역의 여러 이슈들을 기반으로 하는 문화적 중흥의 호기를 맞이하고 있다고 볼 수 있다. 따라서 역사문화유산의 보존과 활용을 통해 인문적 역할을 강화하는 방안이 더욱 요구되고 있다.

진주시의 후원 아래, 경상국립대 LINC+사업단과 KT&G 상상유니브 경남 운영국이 공동주관하여 진주 진치령 터널길(1.3km) 활성화를 위한 대학생 아이디어 공모전이 개최되었다. 진치령 터널길은 옛 경상국립대 북문과 진주역 구간에 조성된 자전거 도로이자 산책로이다. 참신하고 생동감있는 지역 청년들의 아이디어를 공모함으로써 '찾아오는 진치령 터널길' 조성을 위해 마중물 역할이 되기를 기대했다. 2021년 11월 27~28일 양일간 전 세계를 강타한 넷플릭스 드라마 '오징어 게임'을 모티브로 한 행사는 젊은 층을 유입시키는데 일조를 했고 이것을 온라인 영상으로 송출하여 확산시키기도 했다. 진치령 터널 및 진주시 폐선 부지를 활용해 진주시 이미지를 제공시킬 수 있을만한 콘텐츠 개발과 지역을 대표하고 지역 내 가치 있는 공간으로의 전환이 요구되고 있으며 그 첫걸음을 내딛은 것이다.

이것을 시작으로 진주시 경전선 폐선부지 주변의 자연환경, 인문환경, 문화환경, 관광환경 등 다양한 자원과 연계해 지역경제 활성화를 도모하고 지속가능한 도시발전을 위한 종합적인 활용방안의 수립에 노력을 기울여여 할 시점이다.

6. 진주시의 문화자산 현황

1) 진주시의 역사

남강유역을 중심으로 선사시대 유적이 발견되고 있는데 몸돌석기와 깬석기 등 구석기시대의 유물 발견으로 중기 구석기시대부터 이 지역에 사람이 살았던 것으로 추정되고 있다. 강가에 집을 짓고 살던 집터가 있고 민무늬토기, 빗살무늬토기, 석제 농경구, 석창과 석촉 그리고 수수,

보리, 조, 피 등의 곡물들이 발견되어 이 지역이 이미 석기시대부터 원시 농경사회로 들어서 있었음을 보여주고 있다. 또 중기 청동기 유구들이 주를 이루고 있으며 진주 서부에 위치한 대평면에서 대거 발견되었다.

가야 소국 중에 진주지역에 있었을 것으로 추정되는 나라는 변진고순시국, 변진주조마국, 거타국, 상다리국, 고령가야 등으로 다양하고 그중에서 가장 많이 비정되는 나라는 거타국과 고령가야다. 덧널무덤, 돌덧널무덤, 횡구식 석실묘, 횡혈식 석실묘 등 크고 작은 가야시대의 매장유적, 고분군들이 발굴되었다. 그리고 진주는 서기 600년 경 백제가 토성으로 구축하여 거열성이라는 명칭으로 지리산, 덕유산, 가야산과 이어지는 보루 역할을 해왔다고 전해진다. 이처럼 처음에 백제 영토에 속했으나 신라 문무왕이 빼앗아 주를 두었다고 기록되어 있다. 한편 김부식의 『삼국사기』〈지리조〉에는 "신라 신문왕 5년(685년) 청주총관을 거타주, 현재의 진주인 청주에 두어, 당시는 진주를 포함한 경남서부지역 전부인데 이 지역을 나누어 청주(菁州)를 설치하고 경덕왕 때 강주로 개칭하였다."는 기록이 전해지고 있다. 이때 청주는 진주 남강을 청천이라고 부른데서 유래한 것이다.

고려 태조 23년, 940년에 와서 진주라는 이름으로 불렸고, 성종 14년(995) 전국을 10도로 개편하여 진주목에 산남도(山南道)를 설영하였다. 그리고 1106년, 경북 상주 소관의 영남도, 경주소관의 영남도, 진주소관의 산남도 등 3도를 통합하여 경상 진주도라는 명칭을 가졌다가 이후

1171년, 경상 진주도가 상주도와 진합주도, 즉 상주와 진주로 양분되는 과정을 겪는다.

조선시대에 접어들면 행정구역상 진양대도호부, 진주목이라는 명칭으로 분류되다가 선조 37년 1604년에는 임진왜란 합포에 있던 경상도 우병영이 방화로 분탕되어 진주성으로 옮겨짐에 따라 진주목에 병마절도사가 목사를 겸하였다고 한다. 또 고종 32년인 1895년에는 전국 8도제가 폐지되고 23부제가 시행되어 지금의 도격인 진주부에 관찰사를 두었다가 바로 그 다음해 1896년 전국을 다시 13도제로 개편하여 경상남도 진주군은 경상남도의 도청이 되었고 1925년 도청이 부산부로 옮겨지기 이전까지 진주는 경상남도의 행정적인 중심지 역할을 했다.

조선시대의 지방도시는 관찰사가 주재하여 감영이 설치되었던 지방행정도시로, 대부분인 읍성으로서 행정적, 군사적 성격을 띤 도시들이었다. 이러한 지방행정도시들은 방어를 위해 성곽을 조성할 때 자연적 지형을 최대한 활용했다. 주로 원형, 방형으로 둘러쌓고 풍수지리 사상을 반영해 동서남북 4방향을 강조했다. 그리고 성 내외에는 군사, 정치, 종교 등의 목적으로 관아, 객사, 병영, 향청, 형옥, 군기고, 사당, 훈련원 등의 시설물을 기본 원칙에 의거해서 배치했다. 관아가 들면서 자연스럽게 교방문화가 활발했고 그 영향으로 인해 전통춤이 현재까지 전해져 내려와 진주검무, 진주포구락무 등의 무형문화재가 진주 지역 고유의 문화자원으로 남아있게 되었다.

조선시대의 도성과 지방 읍성에는 내성과 외성의 2중 성곽은 거의 없었고 인공적인 해자를 갖춘 경우도 드물지만 경주와 남원 진주에는 이러한 형태로 갖춰져 있었다. 보통은 강이나 험준한 산지를 이용해 성벽의 경계를 이루고 그 모양도 원형에 가까운 부정형이 대부분이다.

역사적인 맥락에서 가장 중요하고 대표적인 사건으로는 임진왜란이 있다. 한국의 역사에서도 중대한 사건으로 기록되어 있고 진주지역에서는 '김시민 장군'과 '논개'라는 역사적 인물의 전설을 남긴 중대한 사건이다. 진주성을 배경으로 한 1차 진주성 전투는 왜군과 약 10배정도 차이가 나는 병력에도 불구하고 승리를 이끌어내어 진주 지역민에게 자부심을 선사한다. 또 2차 진주성 전투는 군·민·관 병력의 몰살이라는 패배의 결과 속에서 왜장을 안고 남강에 뛰어든 논개의 일화도 임진왜란 당시 기개어린 인물의 이야기의 하나로 '충절'의 도시라는 도시 이미지를 심어주었다.

1910년 국권 상실 후, 1914년 진주군은 행정구역이 변화하면서 진주군에서 진주면으로 명칭이 바뀐다. 상공업이 발달하여 재력이 풍부했고 당시에는 상대적으로 인구가 많아 1917년 기채권을 인정받고 전국 23개 지정면 중에 하나로 지정되었다.

1923년, 당시 백정을 차별하던 관습을 타파하고, 만민이 평등한 사회를 구현한다는 목표 아래, 형평사상을 주창한 형평사가 진주에서 처음 만들어졌다. 이는 진주 지역에서 활동하던 사회운동가와 백정들에 의해 자발적으로 발생되었다는 점이 유의미한 지점이다. 평등사회를 위한 인류의 나아가야 할 방향을 제시했고 백정 칭호의 폐지를 요구하고, 계급 타파 등을 주장하면서 일반 사람들과 평등한 사람으로 대접받고자 했던 형평사는 공동체 운동 및 인권 운동을 이끌며 공동의 번영을 추구했다. 이렇게 공동체 의식을 근본으로 하며 평등과 존엄을 추구하며 기존의 악습을 타파하고자한 했던 형평사상은 진주시에서 문화시민과 문화도시로서의 정체성을 부여하는 데 일조하고 있다.

이처럼 진주시는 역사와 충의 도시이미지를 지닌 서부경남의 대표 중소도시로서 가야시대 이후의 역사 속에 군사, 행정 등 전략상의 요충지이자 경제의 중심지로 기능해오며 오래도록 서부경남의 중심지 역할을 하며 진주시만의 역사문화를 지키며 존재해왔다.

현재의 진주는 서부경남의 중심도시로서 산청, 마산, 고성, 사천 등과 경계를 이루고 있고 동서 43.7km, 남북 32km이다. 인구는 약 35만명, 초중고 87개, 대학 6개가 있는 교육도시이다. 주변에 남해고속도로와 통영-진주 간 고속도로가 통과하고 있어 인근지역으로부터 지리적 접근성이 좋을 뿐 아니라 대진고속도로로 인해 수도권과도 교통이 편리한 편이다. 그러나 외지인에게는 진주 및 인근지역이 지리산을 중심으로 한 낙후된 지역이라는 인상을 주고 있는데 이러한 이미지를 개선하기 위해 지역 활성화에도 노력을 기울이고 있다.

2) 대표적 인물

(1) 김시민

충청도 목천현의 지금의 충남 아산인 백전촌에서 출생한 김시민은 조선 중기의 무신으로 본관은 안동이며 고려충신 충렬공 김방경의 12대 손이다. 또 임진왜란을 승리로 이끈 두 명의 충무공 중의 한 명으로 '물의 충무공' 이순신과 '땅의 충무공' 김시민으로 불리며 조선의 곡창지대 전라도를 지키고 이것으로 국가를 지켰다는 평가를 받고 있다.

(2) 논개

전라북도 장수군에서 출생한 논개는 길게는 진주에서 짧게는 21일 길게는 30여일 정도 머물렀던 것으로 전해지는데, 열아홉의 나이로 순절을 택해 많은 사람들의 입에서 회자되며 진주의 전설적 인물로 남아있다. 제2차 진주성 전투에 경상우병영으로 참전한 논개의 남편 최경회가 패전에 책임을 느끼고 자결하자, 논개는 관기의 옷을 빌려입고 왜군 전승 축하연에 참여했다. 이 때 조선 침략군의 선봉장이었던 일본의 게야무라 로쿠스케를 논개가 껴안고 남강에 투신했다고 전해진다.

그동안 알려지지 않았던 논개의 성씨나 나이, 출생지 및 유년시절의 이야기, 최경희와의 관계들이 문헌이나 조사자료로 밝혀지고 있는 중이지만 여전히 진주 출신의 관기로 인식하고 있는 측면이 아직까지 다분하다. 유몽인이 1621년에 남긴 글로, 최초로 논개의 이름이 기록된 글에 "논개는 진주 관기였다"는 내용으로 인해 오해가 심화되었고 교방문화가 발달한 진주시의 이미지에 논개와 교차되면서 진주시의 지역색을 입힌 논개 캐릭터가 만들어진 것으로 보인다.

(3) 남명 조식

남명 조식은 16세기 조선 중기의 선비로 경남 서부지역의 대표 유학자다. 퇴계 이황과 함께 당대의 최고 유학자로 당시 성리학이 지배했던 조선시대의 위계질서 속에서 왕에게 직언을 하고 벼슬도 거부하며 순수하게 학문에만 힘쓴 '실천 성리학'의 대명사이다. 영남학파의 양대 산맥이자 동년배였던 퇴계 이황과는 성리학자라는 공통점이 있으나, 이황은 이론에 집중하고 조식은 실천을 중시했다는 차이점이 있다.

'남명사상'의 창시자 남명 조식은 이론적인 학문의 수양만큼이나 실천적인 행동을 중요시했다. 그 사상을 이어받은 제자들은 임진왜란이 일어난 당시 의병으로 전쟁에 참여하여 나라를 위해 희생한 것으로 전해진다. 남명 조식은 예와 의를 중시하는 성리학과는 달리 마음을 다스리고 깨달은 바를 실천하라는 의미의 경과 의를 중시하며 기존의 성리학적 관점에 실천을 더할 것을 강조했다. 성성자(惺惺子)라는 방울을 늘 옷고름에 매고 다니며 방울소리가 들릴 때마다 스스로를 경계하여 자신을 일깨우고자 했고, '안으로 마음을 밝히는 것'이라는 '내명자경(內明者敬)'이라는 글과 '밖으로 행동하는 결단'이라는 '외단자의(外斷者義)'라는 글자가 새겨진 '경의검(敬義劍)'이라는 장도를 늘 품에 지니고 다니며 자신의 다짐을 되새겼다고 한다.

'실천 지향적 성리학'은 기존의 질서 속에서 자신의 뜻을 굽히지 않고 소신 있는 선비의 보습을 잘 보여준다. 이러한 남명조식 사상의 업적은 진주지역에 타지역과는 구별되는 선비 도시의 이미지를 구축했으며 교육 도시라는 진주시의 정체성에 고유성을 더한다.

남명 조식은 천문, 역사, 지리, 산술, 종교 등 다른 학문분야에도 관심을 두고 진리를 깨닫기 위해 정진했으며 나아가 자연이 주는 지식들도 섭렵하고자 했던 것으로 전해진다. 수차례 벼슬길에 오르라는 어명이 내려졌으나 초야에 묻혀 살아간 조식은 사망할 때까지 벼슬에 오르는 것을 거부했다. 남명 조식은 개인의 수양과 선비의 곧은 절개를 실천으로 옮기고자 했고, 그에게 모여든 후학들에게 가르침을 전했다.

(4) 조완벽

임진왜란은 동아시아 전체에 영향을 끼친 중요한 사건이므로, 다양한 기록이 이루어졌다. 임진왜란 발발 400주년이 되는 1992년을 기점으로

문학적인 측면의 연구도 활발히 이뤄지게 되었다. 1952년부터 1598년 까지 7년간 치러진 임진왜란은 조선에 심각한 인적, 물적 피해를 가했다. 농지가 황폐화되고 문화재가 소실되었으며, 많게는 9~14만여 명에 이르는 사람들이 전쟁 포로로 타국으로 잡혀갔다고 전해진다. 1592년 전쟁에서는 조선 측이 청야작전을 써서 농사를 포기하고 농민들이 피란을 했기 때문에 극심한 흉년과 질병이 만연하여 길가에는 죽어가는 사람들이 즐비했다고 한다. 역사상 유래가 없는 끔찍한 참상이 벌어졌던 것이다.

조선시대에는 문인들마저도 해외를 체험한다는 것은 매우 특별하고 드문 일이었다. 임진왜란 이전에 문인들이 해외를 체험할 수 있었던 경로는 크게 두 가지로 하나는 공적인 사신의 신분으로 해외를 방문하는 것, 다른 하나는 표류(漂流)라는 불가항력적인 상황에 의한 것이다. 이두 가지의 경우 이외에 해외를 나간다는 것이 힘들었던 시기였던 만큼, 해외를 체험한다는 것은 희소성이라는 측면에서 특별한 의미를 지니고 있다. 그리고 다른 사람들은 경험할 수 없는 특별한 해외 체험을 기록으로 남기기도 했다.

조선인 최초로 베트남을 세 차례나 방문한 조완벽의 이야기를 이수광이 기록한 글이다. 포로 실기와는 다르게 〈전〉의 형태로 쓰여진 글이다. 정유재란 당시에 일본의 포로로 피랍되었던 조완벽의 피로인 생활이 주를 이루고 있는데, 이 과정에서 일본의 상선을 타고 안남을 여행한 기록이 포함되어 있다. 진주 선비 조완벽은 1597년 일본에 피랍되어 1607년 조선 조정의 사절에 의해 귀국할 때까지 약 10여년을 일본에 체재했다.

조완벽의 정확한 생몰연도는 알려지지 않았으나 여러 사료를 종합해 볼 때 대략 1577년생이며 몰년은 1642년 이후까지로 추측한다. 여러 편의 원전을 통해 알 수 있는 인물 정보 역시 매우 간략하다. 그나마 가장 구체적인 정보가 드러난 것은 정사신이 쓴 조완벽전인데 "조완벽은 진주 사족 출신으로 사헌부 장령을 지낸 하진보(河晉寶)의 질손녀 사위이다."라고 설명하며 가계를 짐작할 수 있는 단서를 제공한다. 일부에서는 과연 조완벽이 실존 인물인지를 두고 의구심을 제기하기도 했다. 그러나 2015년 정사신이 조완벽을 하진보의 질손녀 사위로 소개한 대목을 단서로 삼아 여러 문헌을 교차 검증하여 하진보와 조완벽 집안 가계도 및 그동안 알려지지 않았던 조완벽 생애에 대한 상세한 정보를 밝혀냈다. 조완벽의 가계와 생애에 관하여 구체적인 추적 연구

조완벽 개인에 대한 탐구보다 조완벽전의 저자 중 한 사람인 이수광에게 편향된 경향이 컸던 점 그리고 조완벽의 개인사보다는 그가 안남에서 보고 겪은 체험에 대해 집중되어 있었던 점, 조완벽 스스로가 남긴 기록이 없다는 점 때문이다 문명을 깨우친 양반 신분이었음에도 자신이 겪은 진귀한 체험에 대하여 본인은 물론 그 후손 및 지인들조차 전사와 후사를 남기지 않았다는 점을 들 수 있다.

경섬(慶暹, 1562~1620)의 『해사록(海槎錄)』에 따르면 1607년 조선 조정에서 쇄환사를 보내 조선 피로인들을 소집했을 당시 1,418명 정도가 돌아왔으나 귀국후 피로인들의 삶에는 어려움이 많았다고 전해진다. 천민계급은 다시 조선 사회의 천민층에 편입, 중인 계급은 일본에 있었건 경험을 살려 상업 활동을 벌이기도 했으나 양국의 첩자 취급을 당하며 곱지 않은 시선을 받았다. 양반가의 경우는 '절의(節義)'를 상실했다 하여 살아 돌아온 피로인에 대해서는 차등적인 시선을 보냈다. 귀환한 피로인들은 이처럼 차별의 대상이 되고 싶지 않아 사실을 밝히지 않는 분위기가 조성되었고, 양반가 출신의 피로인 대부분은 재야에 묻혀 조용히 살아갔다. 따라서 조완벽의 말년도 그들과 유사한 과정이었을 것으로 짐작할 수 있다.

조완벽의 피랍 과정에 대해서는 진주 지역 유학 명문가 자제로서 의병에 봉기하여 활동하다가 피랍되었거나 일본군의 무자비한 납치 행렬에 휩쓸리게 되었을 가능성을 두고 있다.

왜군에게 납치되어 교토에 도착한 조완벽은 6년 가까이 왜인의 노비로 노역한 것으로 보인다. 조선에서 양반 신분이었음에도 불구하고 일본에서의 처지는 여타 조선인 노예와 마찬가지로 매우 비참했다. 고된 복역으로 인해 고향을 그리워하며 항시 도망갈 생각만 하던 그는 어느 날 교토를 중심으로 동남아국가들과 교류하며 주인선 무역을 하던 왜주 스미노쿠라 료이의 눈에 띄어 그와 계약하고 1604년부터 1606년까지 3

년간 매년 안남을 왕래했다. 당시 동남아시아를 상대로 교역하던 상인들은 한자를 공용어로 삼아 소통했는데 조선 선비 출신으로 한자를 읽고 쓰며 셈에 능했던 조완벽은 잡일을 맡는 노비가 아닌 통역 겸 서기로서 고용된 것으로 보인다. 그는 이 과정에서 안남을 비롯해 여송(필리핀의 루손) 유구(오키나와) 등지를 방문하며 여러 아시아 국가들을 경험 했다.

VI. 문화·예술적 활용 방안

1. 미디어 파사드의 특성

1) 공공성(公共性, Publicness)

특정 개인이 아닌 사회 구성원 전체와 연관하는 '공공성(公共性)'은 어떤 대상이나 현상 속에서 그 존재여부를 두고 논쟁이 벌어지기도 한다. 무엇보다 '문화(文化, Culture)'는 국가나 사회구성원과 모두 관계하여 유익하게 작용하고 공유와 향유가 이뤄질 때 비로소 그 가치가 발현되기 때문에 공공성 강화와 확보를 위한 노력들이 끊임없이 이뤄지고 있다.

이러한 가운데 현대도시 경관의 일부가 된 미디어 파사드는 건축물의 외피를 통해 동적 이미지를 표현하며 공공의 영역에서 불특정 다수에게 정보 및 메시지를 전달하는 매개체 역할을 하고 있다. 공공의 장소에서 향유되고 집단관람이 가능하다는 점에서 장소성과 공공성 두 성질이 중첩되는 부분이 존재하지만 이를 단순히 공적 장소라는 물리적 측면에서만 접근하기에는 다소 무리가 있으며 이에 미디어 파사드의 공공성은 어떠한 점을 지향해야 하는가? 기능적 디지털 사이니지 기술로서 시작된 이 매체가 과연 공공성을 지녀야 할 필요가 있는가와 같은 질문이 따른다.

우선 공공성이란 것은 어느 특정한 잣대와 기준으로 현상에 대한 해석을 시도하고 결론 짓는다면 다른 한쪽의 입장을 이해하지 못하는 오류가 발생하며 이것은 곧 갈등과 충돌을 일으킬 수 있으므로 오히려 공공성을 훼손하는 결과를 불러올 수 있다.[1] 현대미술사에서 이러한 일례를 찾아볼 수 있는데 1967년 영국의 존 윌렛(John Willett)의 저서 〈도시 속의 미술(Art in a City)〉에서 처음 언급된 공공미술은 엘리트주의 미술계에 대한 비판으로 공공장소 즉, 대중들의 공간에서 그들과 소통할 수 있는 미술이 필요하다는 의식에서 도입되었다. 그러나 1981년 뉴욕 번화가에 설치되었던 현대조각가 리처드 세라(Richard Serra)의 '기울어진 호 (Tilted Arc)' 작품은 대중들의 통행불편을 야기하고 시각적 공해 유발이라는 비난을 받으며 철거하게 되는 사건이 발생했다. 공공장소에 오브제를 설치하고 전시하는 개념이 오히려 대중에게 예술을 강요하고

---

1) 김영주, 2013, 장소 개입적 공공미술의 현황과 쟁점, p. 58

공간에 대한 폭력이라 비판은 것이다.

공공을 위한 미술이 오히려 가부장적이고 권위적이라는 인식과 함께 '미술가는 일반인 위에, 미술은 생활 위에 군림한다'는 논란을 초래하게 되었다. 그간의 공공미술의 설치가 예술가의 주관적이고 개인적 관심이 중심이 되었다면 이 사건으로 인해 작품을 보는 사람과 공간, 환경 등이 조화롭게 작용하고 반응하는지 더 세심하게 살피는 계기가 되었다.

초창기 공공미술은 '장소'에 초점이 맞춰져 대중들에게 쉽게 접근하는 미술이라는 특성에서 출발했지만 점차 공공미술은 수용자(Reception) 중심이 되어야 한다는 시각으로 변하게 되었다. 즉, '공공'의 개념을 장소적 개념 보다는 '환경', '소통', '수용자' 중심으로 보는 시각으로 확장한 것이다. 이처럼 해석하고 바라보는 시각에 따라 접근하는 방법과 가치, 주체가 변하는 가변적 성격으로 어느 한 쪽의 시선에 정의할 수 없는 공공성에 대하여 오늘날은 과연 무엇이 '공공적'인가에 대한 근본적인 성찰이 필요하다.

미디어 파사드란 매개는 단순 조명에서 '미디어'이자 문화적 역할을 담당하는 단계로 접어들었다. 문화적 소재를 가공하고 소비되는 창조적 내용물 즉, 문화콘텐츠로도 기능하고 있다. 상호소통 및 연대의식 형성을 가능하게 하는 매개 장치로 인식되고 있으며 집단관람의 형식으로 공적 경험을 가능하게 하고 독립적 개개인의 관계를 연결시키며 심미적 경험을 함께 공유하여 잃어버린 공동체 경험을 공유할 수 있게 한다. 이러한 집단 관람 방식은 수용자를 대중으로 설정하고 기획하는 대중문화의 성격을 가진다고 할 수 있다.

그러나 한편으로는 기능적 디지털 사이니지 측면 강조 경향으로 인해 공공미술의 담론과 실천의 영역에서 벗어나는 모호한 범주 때문에 현대미술 논의에서 크게 주목받지 못하는 경향이 있다. 미디어 파사드를 상업과 예술적 성격을 명확히 구분하는 입장으로 미디어 파사드를 통한 공공적 실천을 강조한다. 그러나 백승한은 미디어 파사드에 대해 상업과 예술적 속성을 이분법적으로 나눌 수 있는 것인가에 관한 의문을 품고 장 뤽 낭시(Jean Luc Nancy)의 공동체론에 따라 좀더 유연한 사고로 접근해야 한다는 주장이다. 예술과 상업적 속성으로 구분하는 것은 고급과 저급으로 나누는 예술의 위계구조를 연상시키기 때문에 '공중(Public)'의 본질을 놓칠 수 있다는 것이다.

공공성은 고정적인 한 가지 개념이 아니라 가변적인, 시대에 따라 변화하는 열린 개념이라 할 수 있다. 수용자, 참여로 몰입도 증가시켜 효과를 극대화 하고 있다. 인간이 누려야할 공공적 권리이기에 사적 소유와 독점의 대상이 되어서는 아니하며 이를 위해 그러나 공공재로 인식되며 대중 문화콘텐츠, 공공예술의 한 측면에서 다뤄지고 있기에 공공성에 대한 심도 깊은 논의가 필요할 것이다.

2) 장소성(場所性, Placeness)

일상에서 어떤 공간을 대할 때 사람마다 그 공간에 부여하는 의미의 정도는 매우 상이하다. 공원을 지날 때 산책을 나온 사람에게는 운동과 소통의 공간이지만 가족과의 기억을 가진 사람에게는 추억의 장소이듯이 인문지리학에서는 일반적인 위치를 공간이라 부르는 한편, 사람들이 특별한 의미를 부여하는 곳을 '장소(Place)'라 이르고 있다.

1980년대 영미권을 중심으로 시작된 장소마케팅은 지역문화나 상징을 활용해서 타 지역과는 다른 차별적이고 매력적인 이미지를 구축하기 위한 전략으로 지역 경쟁력을 강화하는 전략으로 각광받았다. 그러나 지나친 장소마케팅 경쟁은 리스크를 피하기 위한 검증된 방법만을 획일적으로 사용하면서 오히려 해당 지역의 정체성을 모호하게 만들고 지역들 간의 유사한 모습을 띠는 경향을 발생시켰다.

상업화된 미디어 파사드의 범람은 장소의 특성이 지워지고 자본에 지배되는 경관을 극대화 시켰지만 '장소상실'로 규정하는 것은 시대착오적 분석일 수 있다. 새롭게 제시된 장소성 형성요소의 속성에 비추어 현재 설치된 미디어 파사드를 유형별로 분석하고 각각의 유형이 보여주는 장소성 형성요소의 특징을 다음과 같이 파악 했다.

서윤경(2014)은 물리적 요소, 활동적 요소, 의미적 요소, 시간적 요소 네 가지 측면이 두드러지는 실존주의적 '장소' 이론을 토대로 하이데거

(1927), 루커만(1964), 노베르트 슐츠(1969), 렐프(1976), 투만(1977)의 주장을 표로 정리했다. 임동욱(2019)은 인문지리학에서는 단순히 일반적인 위치를 공간(Space)이라 하는 반면에 사람들이 특별한 의미를 부여하는 곳을 장소(Place)라 한다. 예를 들어 산책을 나온 사람에게는 공원이라는 곳이 운동을 하기 위한 '공간'이지만 가족이나 친구, 연인과의 기억을 가진 사람에게는 그 공원이 추억의 '장소'가 된다는 것이다.

역사적인 사건을 겪은 건축물이나 문화유적을 배경으로 삼는 미디어 파사드의 경우는 해당 장소가 가진 정체성인 '장소성(Palceness)'을 제고하는 작업이라 할 수 있다. 프랑스의 송 에 뤼미에르(Son et lumière)는 지역민이 공감할 수 있도록 지역과 관련한 소재를 영상으로 송출하는데 이것이 바로 장소의 정체성인 '장소감'을 배려한 대표적인 행위라 할 수 있다.

3) 몰입성(沒入, Immersion)

오늘날 문화콘텐츠는 시뮬레이션 등에서 활용되던 VR, AR 기술과 접목하며 게임, 영화뿐만 아니라 박물관, 미술관의 전시나 교육에서도 적극적으로 사용되고 있다. 몰입이라는 현상과 그 표현 자체는 오랜 역사를 가지고 있다. 환영기술의 진보가 새로운 몰입을 가능하게 한다는 입장의 연구들이 다수 있다.

문화콘텐츠는 창의력과 지식이 집약된 분야이기 때문에 오늘날 문화,

커뮤니케이션을 강조하는 주류적인 흐름 속에서 현실적 감각과 체험을 중심의 콘텐츠 창작과 소비의 패턴이 현실을 재창조한 가상현실 환경 속에서 환상을 중시하는 실감 콘텐츠의 소비 방향으로 변모하고 있다. 미디어의 융합은 콘텐츠의 표현과 구성 자체가 점차 가상현실 구현이 가능하고 강조하는 방향으로 바뀐다. 콘텐츠 수용자들도 영화관람, 독서 및 방송 시청이나 전시 관람 등의 수동적인 형태에서 벗어나 직접 참여하고 유희하는 능동형 소비형태로 변화하고 있다. 문화콘텐츠의 기본적인 발전방향이 일과 놀이가 하나로 일체화되는 본질적인 통합화를 나타낼 것이라 본다.[2]

미디어아트가 몰입의 경험을 제공한다는 특징은 전통적인 예술과 가장 확연히 구분되는 지점이다. 이는 눈에 보이는 이미지와 관객사이의 물리적, 심리적 간극이 좁혀지면서 가능해진 것으로 기술적 발전의 뒷받침이 절대적으로 필요한 부분이기도 하다.[3] 또 몰입은 기호체계, 예술 및 건축과 밀접한 연관을 가지며 오랜 역사를 통해 지속적으로 논의되어 왔다. 동굴벽화는 초기의 몰입적 환경이라 볼 수 있으며 초기 영화상영을 위해 제시된 몰입적 환경이 극장의 어두운 공간을 통해 구축된 것이라면 최근의 건물에 영상을 투영하는 방식은 대형 화면을 통해 이런 효

---

2) 심상민(2007), 문화예술인 문화마케팅 전략 연구, 인문콘텐츠, 제0권 10호, pp.146-166.

3) 손영실(2015), 관계적 스크린과 관객성 연구: 비디오 프로젝션에서 프로젝션 기반 뉴 미디어 아트로의 전이를 중심으로, 한국미술이론학회, 제0권 20호, pp.61-93.

과를 만들어낸다고 볼 수 있다.

2. 미디어 파사드 사례 분석

1) 국내

(1) 서울 서울스퀘어: 줄리안 오피-군중(Crowd, 2009)

〈그림 1〉 Julian Opie 〈Crowd, 2009〉 출처: 줄리안 오피 공식 홈페이지

인문적 특성	공공성		장소성		몰입성	
			●			
조형적 특성	조명		서사		구조물	
	●					
기술적 특성	LED		프로젝션 매핑			
	정적	동적(인터랙션)	정적	동적(인터랙션)		
	●					

런던출신의 팝 아티스트 줄리안 오피는 도시에서 바쁘게 이동하는 다양한 유형의 사람들을 면밀히 관찰하고 이를 주로 회화와 영상을 기반으로 하여 작품 활동을 한다. 오피는 21세기 현대도시에 대하여 노스탤지어, 유토피아와 디스토피아의 그 어느 쪽에도 귀속되지 않는 공항 터미널과 같이 비장소적 상황이 촉발하는 시적분위기를 자아낸다.[4] 서울스퀘어는 세계 최대 규모의 미디어 파사드로 2009년부터 미디어 아트 콘텐츠가 송출되고 있다. 총면적 7,722m²에 42,000개의 LED조명을 이용하여 대형의 미디어 아트 작품을 표출하는 방식이다. 서울스퀘어의 경우 콘텐츠를 갤러리에서 전문적으로 관리하는 체계로도 주목받았다.[5] 서울스퀘어는 2009년 구 대우빌딩이 최종 리모델링된 건물이며 현재까지 송출되고 있는 미디어아트는 당시 가나아트센터가 주도한 '미디어 캔버스' 기획에 의해 시작되었다. 이것은 서울 도심의 환경을 개선하고 서울스퀘어의 상징적 의미를 부각시키려는 의도에 의해 구현되었다.[6]

4) Juan Manuel Bonet, "The Painter of Modern Life", *Julian Opie: Show Time*, exhibition catalogue (2006), 백승한 「미디어 파사드와 공적 경험-줄리안 오피의 서울 작업 사례분석을 중심으로」, 현대미술사연구 43, 2018, p.125에서 재인용.
5) 이유나 외(2013), "미디어 파사드 콘텐츠에 나타나는 서사구조에 대한 연구-서울스퀘어의 정규 콘텐츠를 중심으로", 한국디지털콘텐츠학회. p.371.
6) 조희승(2013), "도시문화 환경을 위한 공공미술로서의 미디어 파사드 연구", 홍익대학교 석사학위 논문.

서울 중구 남대문로에 위치한 서울스퀘어(Seoul Square)는 건축과 예술의 의미 있는 결합으로 서울의 중심이라는 최고의 입지 조건을 가지고 있다. 서울스퀘어 건물의 지상 4층부터 23층까지 폭 99m, 높이 78m 크기의 '미디어 캔버스'는 건물 외벽의 테라코타와 커튼월 부분에 LED 조명을 설치하여 다양한 미디어아트 작품을 선보이는 미디어 파사드이며 세계에서 가장 큰 규모를 자랑하고 있다.

시민을 위한 미디어 전시공간을 지향하는 서울스퀘어의 미디어캔버스는 그간의 미디어 파사드가 단순 그래픽 이미지에 그친 것을 상쇄하고자 국내외 유명 작가들의 작품을 상영하고 있다. 단순히 장식적인 경관 조명이나 상업광고를 배제한 순수예술작품을 전시하는 하나의 화폭으로 기능하며 영상미술과 결합한 기법을 국내에서 처음 제시한 사례라 할 수 있다. '서울 미디어 파사드 가이드라인' 발효 이후에 첫 심의대상이 되었고, 휘도나 환경성 검토 등을 통해 초기 기획단계부터 공간과 작품의 조화가 고려되었다. 도시민에게 삶에 대한 메시지를 스토리텔링하고 공공의 심미적 가치를 구현하고자 한 것이다. 영국의 팝 아티스트 줄리언 오피(Julian opie), 국내 작가 양만기, 김민선·최문선, 문경원, 김신일, 이배경, 류호열의 시각이미지를 다루며 다양한 활동과 실력을 갖춘 국내 미디어아티스트들이 서울스퀘어만을 위해 제작한 작품을 고정된 콘텐츠로 상영한다. 미디어 캔버스의 위상에 비해 낮은 표출빈도는 예술작품의 희소성을 부각하기 위한 전략이다. 미디어 캔버스는 건물의

50% 이상을 차지하는 1면을 활용하고 있으며 미디어아트 작품을 바탕으로 하여 화려하게 전개되는 그래픽, 실사, 동영상, 패턴 등의 이미지, 타이포그래피, 다양한 색의 사용, 특징적인 여러 동적 표현 요소들의 활용이 높아 콘텐츠를 정확하고 풍부하게 전달하며 시각적인 욕구를 충족시켜준다. 이러한 표현적 특성을 가진 미디어 캔버스는 대로를 접하고 있는 고층건물의 파사드 유형으로 근거리보다는 원거리에서 더 효과적으로 조망이 가능하며, 단순 감상을 넘어 도시생활에서 또 다른 유희적 경험을 제시한다.

그리고 고정 콘텐츠 외에 특별 전시형태로 다양한 콘텐츠를 기획하여 백남준 기념전, 호주·스위스·일본·독일 등의 해외작가전, 문화역 서울 284·국제미디어아트 비엔날레 등과의 연계전시 등을 통해 대중 앞에 놓여있던 예술의 벽을 없애 시민과 가깝게 호흡하고 미디어아트 미술관으로서의 역할을 수행한다. 또한 미디어 아티스트가 참여한 이벤트 전시로 어린이날, 한글날, 월드컵, 신년 및 연말 등 특별한 날을 테마로 시민들과 함께하고 다채로운 정보를 주는 미디어아트를 선보이며 새로운 매체에 대한 예술적 실험을 지속적으로 해오고 있다.

서울스퀘어 미디어 캔버스로 시민들과의 소통은 뉴미디어의 독특한 대상적 지위의 특성을 상호작용을 바탕으로 한 능동적 참여 미디어라기보다는 매혹과 감각의 대상에 대한 중독성으로 해석하는 노르 베르트 볼츠(Norbert Bolz)의 측면에서 이해될 수 있다. 이는 참여적인 상호 작용보다는 대중을 상대로 전시되고 관람되는 몰입과 중독의 대상으로 서울스퀘어 미디어 파사드의 상호작용성을 설명할 수 있는 콘텐츠가 주를 이루기 때문이다. 하지만 몰입과 중독을 통한 자기 감응적 상호작용 외에 사람들의 사진과 메시지를 모아 애니메이션으로 제작해 송출하거나 건물 앞에서 앱을 다운받아 스마트폰을 통해 게임에 참가하여 게임의 결과를 스크린에 표현할 수 있는 등 도시 미디어 매체를 통해 새로운 경험을 할 수 있는 행위 참여적 상호작용을 보이는 콘텐츠도 이벤트성으로 제공하고 있다.

여기서 서울스퀘어의 미디어 캔버스가 작가의 순수예술 작품을 상영함으로써 예술적 가치가 있을 수는 있으나 미술의 공공성과 브랜드 가치는 무관하다. 유명한 작가의 예술을 모든 사람들이 볼 수 있는 공간의 공공성에 집중한다고 해서 그것이 공공예술작품이 되는 것은 아니라는 뜻이다. 즉, 서울스퀘어 파사드는 자기 감응적 상호작용에서 모든 대중들에게 만족감을 주며 공공 친화적인 행위 참여적 상호작용으로 전진할 수 있도록 이벤트성이 아닌 고정된 콘텐츠로 예술과 일상의 간극을 줄이는 공공성을 획득해야하는 필요성이 제기된다.

이와 같이 파사드의 크기나 콘텐츠의 작품성 면에서 돋보이는 서울스퀘어의 미디어 캔버스는 2010년 서울시 건축상 건축전문(야간경관) 최우수상을 받으며 공공적 가치를 구현하는 건축물로 인정받으며, 서울역의 랜드마크로 새롭게 역할을 하고 살아 숨쉬는 서울의 상징이 되고 있다. 이전의 랜드마크가 주변을 압도하는 육중한 규모를 앞세운 반면 현대의 랜드마크로서의 장소성은 소프트함, 투명함으로 건물 자체의 물리적인 무게감을 없애는 대신 강렬하고 감성적인 메시지를 전달하는 미디어의 기능이 중요시됨을 보여주는 대표적인 사례이다. 예술작품을 도입하여 새로운 차원의 공간미학을 창조하는 동시에 주변 문화와의 자연스러운 조화를 통해 시민들을 자극하여 창조적 영감을 불러일으켜 문화적 에너지가 충만한 도시를 형성한다. 서울스퀘어 미디어 파사드는 우리의 얼굴이자 서울의 새로운 예술적 감성이 태동하는 상징적인 공간으로 기존의 공공미술이 더욱 발전된 개념이라는 평가를 받기도 하며 고전적인 형식미에 갇힌 공공미술에서 더 나아가 미디어를 통해 에너지를 뿜어내며 도시의 내재된 욕망을 해결할 수 있는 역할로의 가능성을 지닌다. 7)

(2) 서울 광화문 광장: 평창올림픽 기념-하나된 열정(Passion Connected, 2017)

서울시는 역사·문화공간의 회복과 생태환경의 복원, 지역간의 균형발전을 위하여, 2009년 6월 도심의 새로운 상징이 될 광화문광장을 조성하기 시작했다.

---

7) 조희승(2013), p.69. 이유나(2013), p.371

〈그림 2〉 광화문 광장 평창올림픽 기념 미디어 파사드
〈하나된 열정(Passion Connected), 2017〉 출처: 조선일보 홈페이지

인문적 특성	공공성		장소성		몰입성
	●		●		
조형적 특성	조명		서사		구조물
			●		
	LED		프로젝션 매핑		
기술적 특성	정적	동적(인터랙션)	정적		동적(인터랙션)
			●		

　　서울의 상징거리인 세종로 차도는 16차로에서 10차로로 축소하고, 줄어든 차도 폭과 중앙 녹지대를 포함해 너비 34m, 길이 550m내에 이르는 푸른 광장을 조성하여 경복궁에서 청계천, 서울광장에서 숭례문, 서울역까지 서울의 중심가로를 잇는 보행 네트워크를 연결하고, 조선시대 광화문 앞 육조거리를 복원한다. 인근 세종문화회관, 세종로공원, 시

민열린마당도 쉽고, 편리하게 오갈 수 있게 하며, 세종로를 걸어서 건널 수 있는 횡단보도 2개소, 지하철 5호선 광화문역과 직접 연결되는 보행 통로도 설치하여 600년 고도의 숨결이 느껴지는 역사성을 회복하고, 공동화되는 도심에 새롭게 활력을 불어넣을 광화문광장을 조성할 계획이다.8)

광화문 광장에 그동안 세종로의 상징물로 자리하고 있었던 이순신 동상과 더불어 세종대왕 동상이 들어서고, 그들의 역사적 위업을 대표하는 거북선, 해시계, 측우기와 혼천의의 축소 모형물이 함께 자리 잡게 되었다. 광화문 광장에 들어서자마자 마주할 수 있는 이순신 동상은 박정희 정권시절인 1968년 건립돼, 그 동안 몇 차례 이전 논의에 의해 철거될 위기를 넘겨 40여 년이 넘게 자리를 지켜온 서울시의 대표적 거리 기념물 중 하나이다. 세종대왕 동상의 입성은 세종로라는 지명을 확인해주기 때문에 이제야 제대로 자리를 찾아왔다는 평가를 받기도 하지만, 광장 안에는 멀지 않은 거리를 사이에 두고 커다란 규모의 동상이 두 개나 위치하게 되었다.

'부국강병과 애국충절', 백성을 사랑하는 '온화한 군주'는 이순신 장군 동상과 세종대왕 동상에 부여된 상징적 이미지로 그러한 상징은 일종의 일방적인 훈계적인 메시지 표출의 기능을 지닌다. 도시에 세워진 기념물

---

8) "서울사랑" 서울시정 소식 2007.7., 김경선 2010 재인용

이나 기념비적인 건축은 중성적이고 객관적인 물리적 환경이 아니라 특정한 메시지를 담고 있으며 도시 공간 속에서 사람들에게 반복적으로 노출됨으로써 특정한 메시지를 구축하는 기능을 지닌다.

2. 국외

1) 미국 일리노이 시카고: 하우메 플렌자 – Jaume Plensa (Crown Fountain, 2004)

미국 시카고(Chicago)의 밀레니엄 파크(Millennium Park) 내에는 '새 천년을 기념하는 도시 계획'을 목표로 구상된 '크라운 분수(Crown Fountain)'가 미국의 가장 높은 건물 아온 센터(Aon Center), 프루덴셜 빌딩(Prudential Plaza)이 보이는 중심부에 위치해 있다. 스페인의 개념 예술가이자 조각가인 하우메 플렌자(Jaume Plensa, 1955~)에 의해 설계되고 건축가 프랭크 게리(Frank Gehry, 1929~)에 의해 실행된 이 크라운 파운튼(Crown Fountain, 2004) 작품은 밀레니엄을 기념하여 시민 1,000명의 얼굴을 작가가 직접 촬영한 후 조형물에 설치된 LED 스크린 영상으로 구현했다. 2005년도에 완공된 공공 미술작품으로 하늘이 비치는 얕은 수면 위에 15.2m 높이의 직사각형 유리블록으로 만들어진 두 개의 기둥이 마주보고 서 있으며, 각 분수의 내부 표면은 147개의 작은 화면으로 구성되어 총 264,480개의 LED를 사용했다.

〈그림 3〉 하우메 플렌자 〈Crown Fountain, 2004〉 출처: 미국 시카고 공식 홈페이지

인문적 특성	공공성		장소성		몰입성	
	●		●			
조형적 특성	조명		서사		구조물	
	●				●	
기술적 특성	LED			프로젝션 매핑		
	정적	동적(인터랙션)		정적	동적(인터랙션)	
		●				

시민들의 표정을 미리 찍어놓은 1,000개의 영상 중에 무작위로 선택된 각각의 얼굴은 5분여 동안 표시되며, 영상 속 사람들의 입에서 실제 분수가 뿜어져 나오도록 디자인 되었다. 분수는 매일 반시간 정도 운영되고, 영상은 매 15분마다 30초 동안 검은색으로 사라짐으로써 개별 동영상 사이에 짧게 일시적으로 중지되기도 한다. 서로 대면하고 있는 두

개의 LED 기둥 사이에는 검은색 화강암으로 이뤄진 수면이 구성되어 영상이 호수 면에 반사되어 영상 이미지가 투영되는 효과를 얻었다. 일정한 간격으로 배열된 LED의 빛들이 예상치 못하는 물의 흐름과 움직임에 따라 다양한 형태와 색깔로 보여지기도 하며, 이러한 디지털의 규칙적인 속성에 자연의 요소 중에 하나인 물이 가지고 있는 우연성이 더해짐으로써 관람자의 흥미와 주목을 이끈다. 이 분수는 익명의 시카고 시민들의 얼굴이 거대한 스크린에 시시각각 반영되고 노즐을 통해 실제 물줄기가 뿜어져 나오는 공공미술로서의 인터랙티브 작품이자 비디오 조각이다.

이 작품은 실행되기 이전에, 조각의 높이가 공원의 미적 관례를 위반한다는 지적이 있었고, 건설 후에는 분수 상단에 감시 카메라가 설치되어 대중의 항의가 계속 되었다. 하지만 초기 다소 논란이 되었던 부분은 만남의 장소, 관광명소로 인기를 끌며 지역의 상징으로서 '랜드마크화' 되면서 종결되었다. 시민과 관람객들에게 기억과 추억의 장소로서 의미를 전달하고 있고, 공공의 공간, 놀이와 문화를 향유하고 즐기는 공간으로 인식하게 되었다.

시카고 트리번(Chicago Tribune) 건축 비평가 블레어 카민(Blair Kamin)은 21세기 현대적인 도시 환경을 묘사하는데 이 분수가 적절히 도움을 준다는 평을 했고, 시카고의 썬타임즈(Sun-Times)는 "눈을 사로잡는, 대중 친화적인, 최첨단기술, 현대적인"으로 분수를 묘사했으며 뉴욕타임즈(The New York Times)는 "특별한 예술 개체"로 부르기도 했다. 또한 여행전문 출판 브랜드 프롬머(Frommer)는 최상의 공공미술로 간주하였으며, 대형 온라인 뉴스 미디어인 샌프란시스코(San Francisco)의 크로니클(Chronicle)은 모두가 즐길 수 있는 고급 개념의 예술이라고 설명했다. 또한 예술적 기능에 대한 칭찬과 함께 유리로 된 디자인한 기술적 작업으로 2006년 봄베이 사파이어 상(Bombay Sapphire prize)을 수상하기도 했고, 구조적 설계와 혁신적인 기술이 통합 된 뛰어난 건축물에 수여되는 ARCHI-TECH AV상을 개념, 프로세스, 디자인, 솔루션, 결과 및 영상물 시스템 통합, 건축의 창의성 등의 각 평가항목 에서 우수한 평가를 받으며 수상했다.[9]

LED 스크린을 이용해 주민들의 얼굴을 영상으로 구현하고 있다는 점에서[10] 예술적이고 오락적 특징을 가진 크라운 분수는 시민들과 비평가에게 높이 평가받는 의견이 대부분이었으나, 시카고 트리번의 비평가는 분수의 참여적인 요소는 인정하나 크게 감동을 주지는 못한다고 평가하기도 했다.

이 작품은 임의로 선택된 두 개의 얼굴이 서로 대화하는 형태로 배치되어 있고, '얼굴'이라는 주제를 사용하여 인종과 나이 등 도시의 다양성

---

9) 조희승(2013), p.48

10) 박제성(2013), 미디어 파사드를 이용한 공공 커뮤니케이션 디자인 연구–작품 "They are Falling" 제작 과정을 중심으로, 디지털디자인학연구 13(4), p.46.

을 표현한다. 유명 인사의 얼굴이 아닌 시카고 시민의 평범한 표정을 짧은 간격으로 투사함으로써 '진실성'을 담고, 화면을 꽉 채우는 얼굴 형상은 보는 이로 하여금 거리감을 없애고 인간적으로 다가와 시민의 공원이라는 공공적 역할을 부각시키고자 한 것이다.

국내 연구자 조희승은 이 작품을 통해 창의적인 영상 이미지는 예술성과 장소 마케팅적 상징성을 높이며, 감각적인 형태로 아름다운 빛을 발하여 도시 경관에 활력을 주는 것은 물론 문화적으로 확장성을 갖는 새로운 공간을 창출한다고 했다. "분수의 주제를 현대화로 간주하고 확대된 얼굴의 규모는 작품을 인간화하고 건축 구조에 도전한다. 분수는 현대 미술의 진귀한 영구성을 지닌 스카이라인(Skyline)의 중요한 부분이다."라는 프랑스 미술잡지 Connaissance의 편집장 필립 조디디오(Philip Jodidio)의 말처럼 크라운 분수가 현대 도시문화를 반영하는 공공예술로서의 측면이 강조되고 있음을 알 수 있는 대목이다.

예술가 플렌사의 이전 작품들에서도 찾을 수 있는 비디오 기법을 동일하게 적용시키고 있고, '이중성11)', '빛', '물'이라는 주제를 강조했다. 21세기에서 사회적으로 관련성이 높은 '대화형 분수'를 만드는 것이 목적이었고, 지역의 자연적인 것에서의 영감을 얻어 '물12)'에 대한 작업을 모

---

11) 플렌사의 지배적인 주제는 이중성이었으며, 그것은 보는 이가 외부에 있고 예술로 보여지는 대상은 투명한 공간 안에 있는 작품으로 확장되는 것을 말한다.

색했다. 인물들에 의해 생산 및 변경되는 영상 디스플레이 1면과 분수의 물이 운영 되지 못하거나 밤 시간에도 분수의 역동성을 유지시키기 위해 '빛'을 주제로 한 3면으로 구성되어 있다. 단색 이미지로 구성된 3면은 분수의 조명에 사람의 실루엣이 나타나 상호작용하게 한다.

이처럼 열린 공공공간에 미디어 파사드 형태로 설치된 영상 이미지와 분수 효과를 내는 과학기술과 예술의 만남 작품은 초기 몇 가지 환경적 요소의 논란을 잠재우며 시민이 작품 속에 포함되어 이루어지는 상호작용성을 이뤘다. 공공장소에서 놀이와 휴식공간을 미디어와 적절하게 융합한 크라운 분수는 공공미술의 좋은 사례가 되었다. 녹지와 물의 현대적인 조화가 인간의 오감을 자극하여 심리적 작용을 일으켰고, 이것은 감성적으로 접근되어 '인간을 중심으로 하는 예술'의 실천적 참여로 평가 받고 있다. 작품의 기획 단계에서부터 도시의 특성을 반영한 '주제'와 '장소의 특성'이 밀접한 관계를 맺어 단순한 미적 오브제가 아닌 참여와 소통의 매개체로서 공공미술의 유기적 특성을 보여주었다.13)

---

12) 플렌사의 작품에서 물의 사용은 '대중'과 '물' 사이의 물리적 상호작용을 촉진한다는 점에서 시카고 의 많은 분수 중 유일하며, 다른 시카고의 분수들이 울타리나 해자로 둘러싸여 있는 것과 대조적으로 크라운 분수는 공개적으로 열린 장소로 누구나 편하게 접근할 수 있어 즐거움을 제공한다.

13) 조희승(2013), p.48

2) 미국 캘리포니아주 LA: Elctroland-엔터랙티브(Enteractive, 2006)

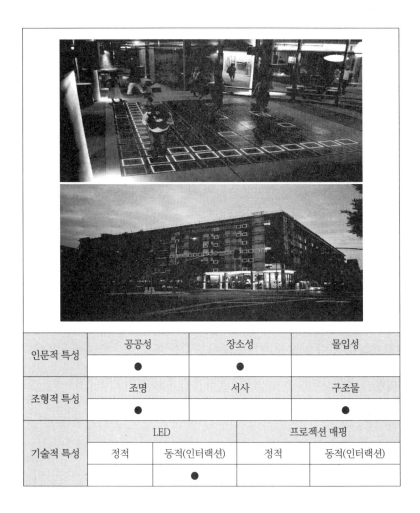

인문적 특성	공공성		장소성		몰입성	
	●		●			
조형적 특성	조명		서사		구조물	
	●				●	
기술적 특성	LED			프로젝션 매핑		
	정적	동적(인터랙션)		정적	동적(인터랙션)	
		●				

미국 로스앤젤레스(Los Angeles)의 상업 지구에 위치한 메트 로프트 (MET Lofts) 건물은 8층의 주거시설로, 주변의 스테이플스 센터

(Staples center), LA 라이브 엔터테인먼트(LA Live Entertainment) 등 오락적 즐거움을 제공하는 환경에 위치해있다. 건물 입구는 인식 기술(tracking technology)을 사용하여 공공예술을 창조하는 미디어 건축그룹 일랙트로랜드(Electroland)에 의해 통합 예술 프로젝트인 거대한 인터랙티브 시스템 '엔터액티브(Enteractive)'가 구축되어 있다. 이 프로젝트는 대화식 설치방식으로, 일랙트로랜드는 엔터액티브의 목표를 공공공간에 활기를 띄게 하고 인간이 건축물과 관계맺음으로써 독특한 경험으로 확장될 수 있도록 창조하는 것이라고 말하고 있다.

엔터액티브는 사람들이 바닥을 밟는 움직임에 따라 위치를 추적하여 그에 대한 반응으로, 건물의 공용 입구바닥의 23,000개의 LED와 건물 외관의 정면 6개의 층에 각 18개의 빨간색 사각형 캔버스를 갖추고 총 18,000개의 LED로 선명한 빛의 패턴을 만들어낸다. 적색 LED의 16인치 정사각형 유리 타일의 각 모서리에 압력센서가 사람들의 실시간 이동을 감지하여 데이터를 분석하고, 건물 외부 LED 패널의 배열에 따라 패턴으로 반영되어 주변 도시 환경으로까지 전달된다. 행위자마다 자신이 취한 동작에 따른 각자의 패턴이 바닥 표면과 건물 정면에 나타나는 것을 플라스마 스크린(plasma screen)을 통해 확인할 수 있다. 건물과 마주하는 장소에 설치된 비디오 카메라가 건물 정면의 모습을 동영상으로 플라스마 스크린에 전송하는 방식이다. 행위자의 움직임에 따른 참여 행위가 건물의 벽면을 통해 자연스럽게 피드백되어 인간의 활동을 추적하고, 인간과 건물 사이에 유기체적인 상호 소통을 하며, 미디어 파사드는 건물 내·외부의 소통을 위한 새로운 매개체로 인식된다.

건물의 미디어 파사드는 1개의 면을 활용하여 파사드를 연출하였지만, 도로변에 위치하여 거리의 보행자가 보기에 무리가 없으며 Red 조명으로 단색 연출, 주로 좌우로 리듬감 있게 전환되는 그래픽과 사각 패턴의 단순화 되고 통일감 있는 이미지 활용은 안정감 있고 지속성 있는 영상 표현을 가능하게 한다. 이로 인해 단조로울 수 있는 부분은 네트워크로 인한 사용자의 인터페이스 접속과 다수가 함께 참여할 수 있는 인터랙션 기능으로 다양한 패턴 및 경험의 변화가 발생하며, 움직임이 크고, 반응속도가 높아 활력적인 새로운 경험을 제공한다. 이러한 요소들이 반영되어 앤터액티브는 2008년 SEGD Global Design Awards 프로그램에서 "도시의 핵심은 주민의 움직임과 상호작용한다. 이 프로젝트는 시대를 초월한 개념을 취하며, LA 시내 인근에 있는 장소의 독특한 감각을 생성하기 위한 메커니즘으로 변환한다. 바닥 센서와 외관 조명의 연계는 설치 시 시간적 측면을 추가하여 매우 매력적이며, 바닥과 파사드 각각의 설치는 그 자체로 완료된 것이지만 시간이 지남에 따라 만들어지는 연계된 이미지는 더욱 풍부하고 확장된 장면을 연출한다."라는 평가를 받으며 Merit Award를 수상하였다.

이렇게 바닥면의 LED 조명과 건물의 파사드가 연계되도록 설계되어 사람의 움직임에 반응하는 미디어 파사드는 우리가 단순하게 보는 미디어가 아닌 신체의 움직임에 반응하는 미디어를 체험하게 한다. 행위자로 하여금 행위자와 바닥, 외벽간의 연속적 반응을 경험하게 하는 미적 체험을 가능하게 하고, 인간의 행동이 더 큰 규모로 재현되어 외부로 공시적인 활동을 보이며 인간의 활동성을 넓힌다. 건물 외부의 관찰자에게도 상황을 인식하고 공감을 형성함으로써 기존과는 다른 체험을 일으키며 공간을 확장하고 있다. 이는 미디어는 우리가 지각에서 행동으로 나아가게 한다는 레브 마노비치(Lev Manovich)의 의미와 같은 맥락에서 이해될 수 있으며, 이러한 개념과 구현은 공동체를 형성할 수 있는 훌륭한 장치이다. 모든 사람들이 이동하며 건물 외관을 보는 것만으로도 근거리 및 원거리에서의 상호작용이 가능하여 즉각적인 커뮤니티를 구축할 수 있다. 또한 행위자, 관찰자의 경험 제공과 더불어 건물의 구성원에게 빛이 투영되지 않는 시선 확보 및 편의 등 설계 단계부터 거주자의 쾌적한 환경까지도 고려하여 인간과 환경, 공간의 어울림을 돕는다.

앤터액티브는 비디오 게임과 감시 예술(surveillance art)의 아이디어의 결합으로 인간의 존재에 반응하여 인간의 참여 없이는 완성될 수 없다. 행위자의 움직임을 시각화하여 유희성을 주고, 이러한 인간 활동의 환경은 게임의 감성과 결합된다. 일랙트로랜드의 디자이너는 "현대 생활은 비디오 게임이다. 그것은 우리를 둘러싸고 있는 전자 정보의 광대한 네트워크이며, 우리는 모든 시간을 그 안에서 탐색하고 참여하고 있다"고 설명한다. 인간의 움직임이 스크린에 재현되면서 그 공간에서 즐거움을 느끼며

하나의 게임 놀이로 인식될 수 있으며, 도시는 재미를 공유하는 놀이의 장소로 변화한다. 이렇게 앤터액티브로 인한 유희적 공간은 도시의 활동들이 모이고 퍼져 나가는 결절점으로서 도시이미지를 형성하고, 이는 미디어 파사드가 인간 자신과 건물 사이의 상관관계를 감지하게 하고, 도시 경관에 미치는 영향을 이해하게 한다. 이 사례는 가벼운 놀이 개념의 미디어 파사드가 단순한 경험과 기억의 장소로서의 도시에서 한 걸음 더 나아가 대도시에서 끊임없이 대중과 소통하고 감성과 지성이 함께 아우르는 작용을 하는 힘을 가지고 있다는 것을 증명한다.14)

3) 독일 린다우: Fühlometer(2010)

리처드 빌헬머의 대중의 얼굴2(Public Face2), 또는 Fühlometer기분측정기)는 커다란 웃는 얼굴로 대중의 현재 기분을 실시간으로 보여주는 작품이다. 독일의 린다우 마을에 시계탑 꼭대기에 있었으나 지금은 베를린 말츠파브릭 갤러리 스페이스의 꼭대기에 설치되어 있다.

단순하지만 시각적으로 흥미로운 이 작품은 크라운 호퍼 연구소에서 개발된 소프트웨어를 사용해서 거리의 사람들 얼굴을 디지털로 스캔한 다음 이것을 설치조형물의 표정으로 드러낼 수 있도록 설계되었다는 점

---

14) 조희승(2013), p.43

이 특징이다. 작동원리는 네온 전등의 방향이 회전되면서 찡그리거나 웃는 얼굴로 변화하도록 하고 있다.

인문적 특성	공공성		장소성		몰입성	
	●		●			
조형적 특성	조명		서사		구조물	
	●				●	
기술적 특성	LED			프로젝션 매핑		
	정적	동적(인터랙션)		정적	동적(인터랙션)	
		●				

4) 프랑스 레 보 드 프로방스: 컬쳐스페이스-빛의 채석장(Carrières de Lumière)

〈그림 6〉 Carrières de Lumières 〈Marc Chagall, 2016〉 출처: Explore France 홈페이지

인문적 특성	공공성		장소성		몰입성	
	●		●		●	
조형적 특성	조명		서사		구조물	
	●		●			
기술적 특성	LED			프로젝션 매핑		
	정적	동적(인터랙션)		정적	동적(인터랙션)	
				●		

프랑스 레 보 드 프로방스(Les Beaux de Provence)에 위치한 멀티 미디어 전시 '빛의 채석장(Carrières de lumières)'은 이탈리아 아티스트 지안 프랑코 이안누치(Gianfranco Iannuzzi)가 명작의 원본을 감상하려는 대중들의 욕구는 증가했으나 한정된 수량의 명작을 더 많은 사람들에게 공급하고, 새로운 미술콘텐츠를 희망하는 대중들의 새로운 욕구와 수요를 충족하기 위해 새로운 방식의 전시기획의 필요성을 제기했

다. 이것을 실현하기 위해 2012년 석회암층의 폐채석장을 멀티미디어 전시공간으로 구축하는 계기가 되었고 현재 전 세계적으로 다양하게 시도되고 있는 폐산업시설을 대상으로 하는 지역재생의 한 유형으로 확장하게 되었다.

VII. 나가며

주로 폐터널은 물자 수송로, 국도 등 산업시대의 중추적인 역할을 했고, 토목과 건축공학적인 구축물로써 기술 연구 가치와 미적 가치를 동시에 지니고 있다. 현재 터널을 재활용하여 지역의 활성화를 꾀하는 사례 중에서 대부분이 지역특산품으로 와인을 생산하고 판매, 전시하는 공간으로 사용하는 유형이 주를 이루고 있다. 온도와 습도가 연중 일정하게 유지된다는 점이 가장 크게 작용한 것으로 보인다. 와인전시장으로 바뀐 폐터널의 활용은 동일하지만 지역별로 내부 콘셉트가 다르다는 점에서 관광객의 입장에서는 매력적으로 느끼기도 한다. 그러나 우후죽순 유사한 공간이 지역의 고유성과 상관없이 무분별하게 개장된다면 기존에 잘 운영되고 있는 공간마저 위기에 놓일 수 있으므로 유의해야 한다.

와인창고로 활용되는 유형 다음으로 많은 유형은 철도 테마파크 유형이다. 이것은 주변의 자연환경, 경치를 관광하려는 이용자들의 욕구를 충족시킬 수 있는 여건이 갖춰져야만 가능한 유형으로 폐터널과 폐선로를 함께 적절히 활용하는 것이 유리하다. 다만 시간이 흐르면 이 또한 시설이 노후하고 쇠퇴할 가능성이 높기 때문에 지속적으로 방문객을 유입시킬 수 있는 전략을 개발하는 것이 필요로 하다.

기존에 활용되고 있는 폐터널의 경우는 지역민들의 활용도가 낮고 지역정체성을 고려한 문화예술 프로그램은 더욱 미흡한 실정임을 파악할 수 있었다. 지역의 특산품으로 와인을 만드는 정도에 그치고 문화, 예술 활용의 측면에서도 매우 미흡한 실정이다. 단순히 오락성, 유희성에 집중되어 있어 지역의 역사나 인문적 자산을 고려한 프로그램은 전무하다고 볼 수 있다. 최근 문화재청과 국가철도공단에서 기획한 발굴유물 수장고 활용이 기획되고 있으나 이것이 하드웨어, 즉 물리적인 공간 용도의 전환으로만 그치지 않도록 운영되어야 할 것이다.

폐터널 활용의 초기단계에서는 테마파크, 와인터널의 활용 유형이 가장 많았다. 그러나 이러한 유형은 관광마케팅적인 접근이 강한 편으로, 지역의 정체성을 고려하는 인문학적 요소나 문화·예술적 요소는 상대적으로 약하다고 할 수 있다. 첨단 과학기술을 활용해 체험을 할 수 있는 공간, 현대미술의 실험적 전시를 관람할 수 있는 공간, 지역의 발굴유물을 수장하고 이것을 지역민들과 관광객에게 공개하는 공간 등 보다 다양한 유형이 시도되고 있으며 지역의 정체성도 강화할 수 있는 대안으로 보인다. 아직 이러한 유형이 안정화되기까지는 시간이 소요되지만 단기적인 계획보다 중장기적인 계획으로, 단계적으로 추진하면 더욱 성공적인 모델을 창출할 수 있을 것으로 사료된다.

본고는 근대산업물을 훼손시키지 않고 문화예술을 통한 인문정신의 대중화, 생활화를 실현할 수 있는 기초자료 역할을 하는데 목적으로 두었다. 그러나 현재까지 폐터널을 활용하고 있는 국내 사례 중에서는 관광객을 유입시키기 위한 마케팅적 접근으로 운영되고 있는 공간이 대부분임을 파악할 수 있었고, 이것을 인문학 기반으로 문화예술을 적용할 수 있는 방안에 대해서는 조금 더 심도있는 논의와 담론 형성이 이뤄져야 할 것으로 보인다.

〈표 1〉 국내 폐터널의 활용 현황

연번	지역	지명	터널명	내 용	시사점
1	경북	영주	신동터널 용혈터널 금계터널	영주댐 건설로 인해 이설된 철도 중앙선 일원의 폐터널 4개소, 폐철도선 1개선 활용. '신동터널'은 갤러리터널, 이벤트터널, 버섯터널, 와인터널로의 활용이 제안됨. '금계터널'은 힐링터널로 활용 예정.	각종 체험, 이벤트, 문화행사, 특산품 연계, 힐링산책, 빛 축제, 캐릭터 전시장으로 활용이 계획되어 있고, 주변환경(영주댐, 진입로 등)을 고려하여 사계절 이용이 가능한 체류형 관광지로 개발 방안을 마련함. 다만 초기단계에서는 현실성 있는 접근과 주민을 위한 시설로의 활용이 우선시 되어야 할 것으로 보임.
2	경북	청도	남성현 터널	1905년에 개통된 경부선 열차 터널을 정비하여 2006년에 개장함. 와인 시음장, 전시, 판매장, 다양한 문화예술 행사 등을 개최함.	감으로 만든 와인을 숙성하여 판매함. 내부 벽돌의 일부는 러일전쟁 당시의 역사를 기억할 수 있도록 하였음.

3	경남	밀양	무월산 터널	밀양~삼랑진 상하행선이 지나던 경전선이 2004년 KTX사업으로 폐쇄된 터널을 13년간 방치해두다가 '빛의 테마파크'로 재탄생시킴.	다채로운 테마들로 매번 색다르게 즐길 수 있도록 했고 60여종의 캐릭터가 등장하며 밀양의 역사를 스토리텔링화 하여 이야기가 담긴 공간으로 재창조 되었다는 점이 특징.
4	경남	김해	생림터널	경전선이 이설되며 일정 구간을 철도 테마파크로 조성한 공간. 레일바이크, 레일카페, 와인동굴, 철교전망대 등이 갖춰져 있고 밀양과 김해를 두고 흐르는 낙동강의 정취를 즐기기에 적합함.	특산품 산딸기를 사용한 와인을 판매하고 다양한 볼거리를 제공하여 많은 관광객들이 방문하는 장소. 주변의 자연환경과 시설(레일파크, 캠핑장, 전망대, 생태공원 등)들을 연계하여 운영하는 것이 특징적임.
5	충청도	세종	노호리 폐터널	세종시 부강면 노호리 매포역 근처에 위치한 폐터널을 예술인들의 실험공간으로 활용함. 경부선 철로가 개통되면서 1904년 건립된 기차터널인데 일제 강점기 동안 사용하지 않고 방치되어 수풀 속에 가려져 있던 공간.	현대미술을 선보이는 특화된 공간으로 활용하고 있으며 도시와는 상반된 시골마을에서 창작공간을 마련하여 독특함과 새로움을 연출하고 있음. 인적이 드물었던 곳이었으나 매번 새로운 전시를 개최하면서 외부인들의 방문이 잦아지고 인근 주변이 활성화 되고 있음.
6	전북	전주	신리터널	호남권 발굴유물을 전시, 보관하는 문화공간으로 조성될 예정. 국가철도공단과 문화재청의 협약으로 이 모델을 전국규모로 확대해 나갈 계획임.	발굴유물 수장시설 부족 문제 해결하고 지역의 문화공간으로 활용하는데 기여할 것으로 기대함. 권역별 역사자산을 홍보하는데 일조할 수 있음.

| 7 | 전남 | 광양 | 석정1
터널
석적2
터널 | 경전선 폐선 철도의 터널을 활용해 거대한 예산을 들여 공간 용도를 전환시킴. 총 10구간으로 구성되어있는 터널은 와인 전시장, 카페테리아, 미디어 아트 등으로 채워져 있음. | 지진체험, 4D체험 영상관, 재난 대비 교육장 등 첨단 과학기술 프로그램을 적용하여 교육이나 재난을 대비할 수 있는 체험시설이 갖춰져 있음. 특산품 매실을 이용한 와인을 개발하여 판매하고 있음. |

특히 도심 외곽에 위치한 폐터널을 사용하고 있는 점들이 대부분이라서 도심 한 가운데에 위치하고 있고 이미 자전거 도로로 활용되고 있는 진주시 진치령의 경우와는 너무 상이해서 적용할 수 있는 방안이 제한적이었다. 지역민들이 지역의 정체성을 느끼고 애향심을 고양시킬 수 있는 방안을 마련하기 위해서는 지금보다 더 진주시에 대한 문화자산, 인문자산의 조사가 필요하며 그것을 폐터널에 적용하는 방향으로 후속연구가 잇따라야 할 것이다.

본고에서 인문도시, 문화도시에 대한 이론적 배경을 정리했고 유휴공간의 활용 현황과 인식의 변화 등을 통해 폐터널 활용에 대한 방향성과 접근법을 제시하고자 했다. 그러나 국내 폐터널의 활용사례를 조사하고 시사점을 도출하는 과정에서 새로운 전략이나 모델을 제시하기에는 매우 기초적인 단계라 사료된다. 특히 지역의 정체성을 고양시킬 수 있는 스토리텔링이 미흡한 점을 포착할 수 있었는데 본 연구 자료를 더욱 발전시켜 실질적으로 적용할 수 있는 모형을 만들 계획이다.

영국, 프랑스, 이탈리아, 네덜란드, 일본 등 문화선진국에서는 유휴공간을 문화예술로 활용한 성공사례가 상당하다. 컬쳐노믹스(Culturenomics)라는 신조어가 생길 정도로 그 파급력은 매우 광범위하게 일어나고 있다. 그러나 해외의 모델을 그대로 한국에 적용하고 도입하기에는 정책이나 기타 여건 등이 다르거나 시기상조인 사례들이 많다. 하지만 그 사례가 주는 시사점을 통해 국내 상황에 맞게 발전시킬 여지는 충분하다고 판단된다. 이에 따라 많은 분야의 전문가와 연구자들이 융합적인 관점에서 새로운 모델을 제시할 수 있도록 폐터널 활용 담론이 형성되기를 기대한다.

더불어 현재는 물리적인 방식으로만 폐터널을 활용하고 있는데 온라인 프로그램과 연계하여 폐터널의 원형을 훼손하지 않고 지역민의 참여를 이끄는 방안을 마련한다면 타 폐터널 활용사례와는 차별점을 가질 수 있을 것이다. 코로나19의 확산으로 팬데믹을 겪은 시대로서 코로나 그 이후의 삶의 방식은 현재와는 다른 모습으로 변화할 것임을 예측하고, 오프라인 활용에서만 머무를 것이 아니라 온라인이나 디지털 요소를 적극 활용하는 방향으로 검토되어야 한다.

참고문헌

참고 논문

강봉룡, 2017, 인문도시 목포-다도해의 모항 목포의 희망 만들기 인문 담론, 시민인
　　문학, 제33호 pp.9-41.

곽수정, 2007, 유휴공간의 문화공간화를 위한 콘텐츠 연구, 국민대학교 콘텐츠디자
　　인 박사학위.

김헌, 2020, 광주, 인문도시 이후, 경기대학교 인문학연구소, 제38호, pp.35-59.

남기범, 2014, 창조도시 논의의 비판적 성찰과 과제, 도시인문학연구 제6권, 1호,
　　pp.7-30.

라도삼, 2009, 세계 주요도시의 문화마케팅 전략과 우리의 전략이 주는 시사점, 한
　　국지방자치학회, 제8권, pp.189-209.

박소진 외, 2017, 지역특산물 브랜드체험이 브랜드지식, 구매의도, 관광지 재방문
　　의도에 미치는 영향:청도 와인터널을 중심으로, 한국전략마케팅학회, 제
　　25권 1호, pp.27~45.

박신의, 2011, 유럽의 폐 산업시설 활용 문화예술공간 연구, 인하대학교 문화경영
　　학 박사학위.

박연규, 2015, 인문도시를 위한 인문정책 방향:수원시를 중심으로, 시민인문학, 제
　　28호, pp.36-69.

박연규, 2017, 지역밀착형 인문학 프로그램-수원의 인문도시를 중심으로, 시민인

문학, 제33호, pp.69-99.

박인창, 2013, 문화원형 산업개발을 위한 전통문화의 스토리텔링, 조형미디어학, 제16권1호, pp.123-128.

배은석 외, 2016, 몰입형 전시로서 '빛의 채석장'에 대한 연구-〈클림트와 비엔나〉를 중심으로, 인문콘텐츠, 제43권, pp.203-227.

서우석, 2014, 도시인문학의 등장-학문적 담론과 실천, 도시인문학연구, 제6권2 호, pp.-56.

송은하, 2012, 도시에 관한 인문학적 접근의 논리와 실제-'인문도시' 평가모형 개발을 중심으로-, 고려대학교 영상문화학 박사학위.

송철원, 2007, 폐터널을 활용한 생태학적 문화 공간 연출, 중부대학교 인테리어학 석사학위.

신하은, 2019, 근현대 건축물의 인문학적 가치를 활용한 복합문화공간 연구, 건국대학교 문화콘텐츠 커뮤니케이션학 석사학위.

신민영 외, 2015, 황지본선 폐터널을 활용한 새로운 공간 황지 둘렛길-터널의 공간적인 활용을 중심으로, 숙명디자인학연구, 제21권, pp.67-82.

심광현, 2012, 산업도시-창조도시 비판과 생태문화도시의 대안적 도시발전모형, 도시인문학, 제4권 2호, pp.31-59.

오수현 외, 2017, 도시재생 관점에서 산업유산 시설을 활용한 컨버전 디자인 사례연구-폐 채석장을 중심으로, 한국공간디자인, 제12권 6호, pp.173-183.

이성백, 2014, 21세기 도시연구의 새로운 방향-탈신자유주의적 도시의 탐색, 도시인문학, 제6권 2호, pp.7-27.

이영의, 2015, 인문도시의 구조와 내용:춘천시의 경우를 중심으로, 시민인문학 제28호, pp.96-117.

이용균 외, 2016, 문화주도 도시재생의 문제와 도시발전의 미래, 한국지역지리학회, 제2016권 8호, pp.6-9.

이정희, 인문도시지원사업의 효과에 미치는 영향요인 분석:정책설계, 리더십, 자원, 네트워크 요인을 중심으로, 국정관리연구, 제13권 3호, pp.91-120.

조연주, 2015, 플레이스 브랜딩 방법 적용에 재생 유휴산업시설 활성화, 한양대학교 실내환경디자인학 박사학위.

최준란 외, 2014, 문화적 특성을 활용한 도시재생 사례 연구: 영국의 헤이온와이 마을을 중심으로, 글로벌문화콘텐츠학회 제2015권, pp.185-190.

참고 사이트

영주시민신문 "갤러리터널, 와인터널, 힐링터널-폐터널 활용해 관광자원 만든다" http://www.yjinews.com/news/articleView.html?idxno=29445 (2022.2.5.검색)

여행이야기 "삼랑진 트윈터널: 폐터널을 활용하여 새롭게 재탄생한 빛과 캐릭터의 테마파크" https://blog.naver.com/ssh19938/222569516591 (2022.2.5.검색)

아시아뉴스통신 "일제 강점기 폐터널을 활용한 젊은 작가 이색 전시 눈길" https://www.anewsa.com/detail.php?number=1236307&thread=07r02 (2022.2.5.검색)

혼자여행코스북 "폐터널을 활용한 김해 와인동굴-밀양 트윈터널 https://blog.naver.com/overroad89/221071953680(2022.2.5.검색)

뉴스원 "폐터널 활용 관광명소 광양 와인동굴 ' 7월7일 개장" https://news.naver.com/main/read.naver?oid=421&aid=0002808715 (2022.2.5.검색)

일상의여유 "폐철도 유휴부지 중 폐터널 활용 방안" https://blog.naver.com/cys5800/221162502050 (2022.2.5.검색)

진주인터넷뉴스 " 경상국립대 링크플러스사업단, 진치령 이야기 안내판 제막식 가

져” http://www.jinju.news/front/news/view.do?articleId=
ARTICLE_00019494 (2022.2.5.검색)

베리타스 알파 “경상국립대 LINC+사업단 ‘진치령 터널길 활성화’ 아이디어 공모전
개최” http://www.veritas-a.com/news/articleView.html?idxno=
377857 (2022.2.5.검색)

세종이야기 “세종예술 비욘드 아트 스튜디오 재활공간 발굴 프로젝트” https://m.
blog.naver.com/PostView.naver?isHttpsRedirect=true&blogId
=sanha2323&logNo=221154472233 (2022.2.5.검색)